SKY 합격을 위한
입학사정관제 바이블

고영건
권대근
이용승
공저

중앙books
JoongAng Ilbo

머리말

이 책은 입학사정관제, 혹은 입학사정관 서류종합평가를 준비하는 전략을 다루는 책이다. 이미 입학사정관제를 설명하는 책은 무수히 많다. 그러면 이 책은 무엇이 다른가?

시중에 나와 있는 관련 책들은 크게 세 가지다. 첫 번째는 입학사정관제의 평가방식에 대해 설명한 책이다. 두 번째는 '자기소개서'의 비법을 소개하는 책들이다. 세 번째는 이런저런 풍문을 끌어 모아 '필수 스펙'이라고 알려주는 책이다.

세 번째 부류가 가장 위험하다. 소위 강남 학부모들의 검증 불가능한 생각들을 무차별로 모아 놓은 것이기 때문이다. 합격한 학생이 가지고 있던 스펙이 있어야만 합격할 수 있다는 루머를 키운다. 그 스펙 덕분에 합격했다는 증거는 없다. 확대재생산된 소문일 뿐이다. 쓸데없는 스펙을 만드느라 시간만 낭비한다는 점에서 이런 책은 반드시 피해야 한다.

또한 자기소개서 '비법'으로 합격할 수 있다는 이야기도 경계한다. 입학사정관 서류종합평가에서 자기소개서는 굉장히 중요하다. 하지만 실제 활동의 '내용'은 없으면서 '포장'만 잘한다고 해서 합격할 수는 없다.

'뻔한' 이야기도 경계한다. 입학사정관제의 평가방식과 평가요소를 설명하는 첫 번째 부류의 책들이 내리는 결론은 뻔하다. 서류종합평가에 대한 정보는 많지만 그 대비법은 '학교생활을 충실히 하라'거나 '나만의 창의적 활동을 수행하라'는 게 거의 전부다. "그저 열심히 해라"라는 조언과 무엇이 다른가?

이 책은 상위권 대학에 가기 위한 차별화된 준비전략을 담고 있다. '포장법'이 아니라 '내용 만들기' 전략을 제시하는 데 주력한다.

서울대, 연세대, 고려대를 비롯한 상위권 대학을 노리는 학생들은 대부분 성실성, 끈기, 도전정신, 리더십, 협동성, 인화력, 봉사정신을 어느 정도 갖추고 있다. 그럼에도 입학사정관제를 설명하는 책들은 이런 덕목을 어떻게 갖추는가만 이야기하고 있다.

이미 우수한 성품을 갖고 있는 학생들이 경쟁하는 상위권 대학에서 어떻게 우리 아이들을 차별화할 수 있을까?

뜻이 맞는 선생님들과 함께 가능한 한 많은 사례를 수집하고 대학 평가자들을 만나는 과정에서 도달한 답은 '학문하려는 자세'였다. 상위권 대학의 입학사정관 서류종합평가에서 차별화할 수 있는 길은 '학문에 대한 관심'과 '열정의 진실성'이다.

'취업 장사'라는 비판을 받기도 하지만 대학은 여전히 학문하는 곳이다. 적당히 학점 따고 졸업해서 연봉 많이 주는 곳에 취직하겠다는 학생보다는 일단 자신의 전공학문에서 미래를 찾겠다는 학생을 원한다. 따라서 학문하려는 자세를 진실하게 보여주는 학생이 좋은 평가를 받을 수밖에 없다.

그 방법은 행동이다. 말 한마디로 천 냥 빚은 갚을 수 있어도 학문하려는 자세를 보여주지는 못한다. 중·고등학생 시절, 미래의 전공과 관련되거나 자신의 관심사를 탐구하는 활동이 지속적이고 구체적으로 이뤄졌다면 당연히 좋은 평가를 받을 수 있다.

따라서 이 책의 최우선 목표는 구체적이고 지속적인 탐구활동의 전략을 제시하는 것이다.

흔히 "학생 자신의 적성에 맞는 진로를 선택해서 준비하라"고 조언한다. 그러나 현실과는 거리가 멀다. 자신의 적성이 무엇인지 알지 못하는 학생이 대부분이다. 일단은 좋은 대학 인기학과에 가고 싶은 것이 학생과 학부모의 마음이다. 공부하고 싶은 전공이 있기는 하지만 100% 확신이 있는 것도 아니고, 모호한 상태에 있는 학생들에게 적성에 맞는 전공을 찾아가라는 이야기는 아무 소용이 없다. 게다가 적성과 상관없이 하향지원을 해서라도 더 좋은 대학에 가고자 하는 학생과 학부모도 많다.

이 책이 중점을 둔 것은 이처럼 전공진로가 확실하지 않거나 하향지원까지 고려하는 학생들의 처지에 맞춘 전략 수립 방법을 제시하는 것이다. 더 좋은 대학에 가고 싶다는 학생과 학부모의 마음에서 이 책의 전략이 시작된다.

대입 제도의 변화와 입학사정관 서류종합평가의 핵심에 대한 이 책의 분석은 문과와 이과, 즉 인문계열과 자연계열 학생들 모두에게 필수적인 정보가 될 것이다. 구체적인 전략은 인문계열 사례를 중심적으로 다뤘지만 진로 관리, 동기 관리, 비전 관리, 활동 관리를 수행해야 한다는 점에서 문과, 이과의 구분은 없다. 자연계열 학생과 학부모들도 이 책을 통해 서류종합평가 준비전략 수립과 실행계획 수립에 충분한 도움을 받을 수 있을 것이다.

이 책에서 제시하는 모든 전략은 실제 합격/불합격 사례에서 출발한다. 즉 학생들에게 입시 지도를 하면서 축적된 자료에 근거한 것이다. 서울대, 연세대, 고려대, 성균관대를 비롯한 상위권 대학의 학생부 및 서류전형에서 합격한 학생과 불합격한 학생의 구체적인 경험을 통해 중장기적 전략을 제시했다. 특히 불합격한 학생들의 자료를 통해 교훈을 도출하는 데에 중점을 두었다. 충분히 합격할 수 있었는데 안타깝게 불합격한 학생들의 문제가 무엇이었는지 파악함으로써 실질적인 도움이 되고자 했다.

홀륭한 자질을 갖춘 학생들이 전략의 부재로 좋은 결과를 얻지 못하는 모습을 보면서 학생들에게 실질적인 도움을 줄 수 있는 방안을 고민한 결과물이 바로 이 책이다.

부디 이 책이 제시하는 전략을 통해 10대 후반이라는 귀중한 시기를 인생의 성공과 발전을 위한 충실한 시간으로 삼기를 바란다. 특히 여건이 어려운 상황에서 혼자만의 힘으로 준비해야 하는 우수한 학생들에게 새로운 기회를 제공할 수 있기를 바란다.

차례

3
중장기적 서류종합평가 준비전략

4
당부

1

입시 전략의 빈곤

대다수 학생은 고등학교에 입학한 이후 수시모집 원서접수를 하는 3학년 여름방학 때까지 수시모집에 대한 아무런 전략 없이 2년 반을 보낸다. 전략이 없기 때문에 시간과 노력을 낭비하고, 수시모집에서 성과를 거두지 못한다. 그렇다면 전략이란 무엇이며 어째서 필요한 것인가?

고3 여름방학의 풍경: 자기소개서 '내용'이 없는 학생들

고등학교 3학년 여름방학이 되면 자기소개서 전쟁이 시작된다. 수시모집 전형에서 자기소개서가 중요하다는 것은 누구나 알고 있다. 학생들은 자신의 학교생활과 전공적성 등을 표현하는 데에 많은 노력을 기울인다. 시중에는 자기소개서 잘 쓰는 법에 대한 책들이 나와 있고, 입시 학원들은 자기소개서 작성법에 대한 강의를 개설한다. 뿐만 아니라 자기소개서를 대필해주는 컨설팅도 인기다. 일선 고등학교에서는 '자기소개서 쓰기'를 국어과 수행평가에 포함시키는 바람에 3학년들은 자기소개서 쓰기에 매달리고, 고3 담임들은 자기소개서와 추천서 때문에 격무에 시달린다.

그러나 문제는 자기소개서의 '내용'이 될 만한 것들이 없다는 점이다. 좋은 자기소개서 쓰기를 마치 표현과 전달, 혹은 일종의 자기 포장이라고 착각하는 사이 전공적성과 학업 노력, 학교생활의 구체적인 내용이 부족하다는 점은 망각된다. 내용은 없으면서 미사여구만 늘어놓거나 근거 없는 장밋빛 비전을 강조하거나 주관적인 느낌이나 감상을 제시하는 자기소개서가 넘쳐난다. 하지만 대학이 선발하는 기준은 결국 '내용'이다.

자기소개서에 쓸 만한 내용이 많이 있는 학생도 상당수 있다. 그러나 대학에서 중요하게 보지 않는 스펙 쌓기 기록들이 대부분이다. 아무 내용이 없는 것보다는 훨씬 훌륭한 자기소개서지만 스펙 쌓기에 보냈던 시간과 노력을 생각한다면 그에 대한 평가는 그다지 높지 않다는 게 문제다. 오직 스펙만 있고 학업역량, 전공역량을 쌓기 위한 활동이 뒷받침되지 못한다면 그야말로 의미 없는 시간 낭비일 뿐이다.

스펙에만 몰두하지 않고 충실하게 자기 주도적인 활동을 해온 학생도 있다. 나름 훌륭하게 준비했지만 역설적으로 이 학생들이 가장 문제다. 이들 중 십중팔구는 경영, 경제를 목표로 하고 있다는 게 문제다. 문과에서 소위 '잘 나가는' 학생들의 비전과 활동이 경영, 경제, 외교, 법률에 몰리는 것은 어쩔 수 없는 현상이다.

그러나 입시의 현실은 냉혹하다. 내신성적에서 밀리면 자신이 원하는 학과에 지원하지 못하고 하향지원을 해야 하기 때문이다. 경영, 경제, 외교, 법률 쪽으로 진로를 정해 놓고 2년 반 동안 이와 관련한 활동만 한 학생이 다른 학과에 지원해야 할 때, 결국 자기소개서에 쓸 수 있는 내용은 아무것도 없는 현실을 마주해야 한다.

이처럼 세 가지 유형의 학생들, 즉 내용이 전혀 없거나 불필요한 스펙으로 가득 차 있거나 지원하는 학과와 무관한 내용만 있는 경우는 모두 자기소개서의 내용이 없는 것이나 다름없다. 대학은 과대 포장에 현혹되지 않고 그 내용의 질을 알아볼 수 있는 능력을 갖추고 있기 때문이다. 전략의 부재는 곧 내용의 부재라는 우울한 결과를 가져올 뿐이다.

입학사정관전형은 정말로
있는 집 아이를 위한 입시제도인가?

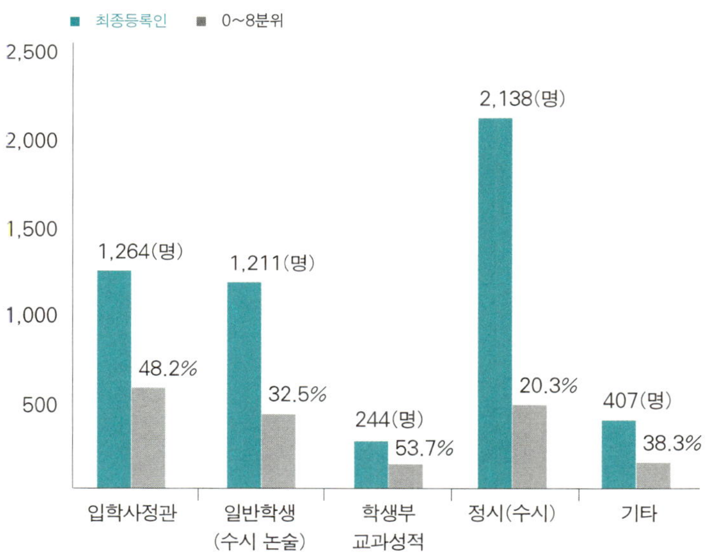

경희대 2013학년도 입학전형별 입학생 소득분위 현황(한국 국가장학금 수혜율)

"입학사정관전형은 특별한 스펙이 필요하기 때문에 사교육을 많이 받은 아이에게 유리하다"는 이야기는 입학사정관제를 비판할 때 단골로 언급되는 이야기다. 입학사정관제가 정상적인 고등학교 과정 속에서 성취할 수 없는 스펙을 요구하고 있기 때문에 고액의 사교육을 받는 학생들이 유리하다는 비판이 자주 들린다. 소위 서울 강남 학생들이 부모의 재력을 바탕으로 쉽게 대학에 들어갈 수 있게 해주는 입시전형이 바로 입학사정관제라는 것이다.

하지만 경희대 발표 자료는 이런 통념을 깨뜨린다. 경희대가 발표한 한국장학재단 국가장학금 수혜 현황을 보면 입학사정관전형으로 대학에 합격한 학생들의 장학금 수혜율이 상당히 높다. 한국장학재단 국가장학금은 고소득층인 10분위와 9분위를 제외한 0~8분위 계층 학생에게 차등적으로 지급한다. 즉 고소득층 학생은 받을 수 없는 장학금이다. 장학금을 받은 학생의 비율이 가장 높은 것은 학생부교과 전형(53.7%)이고, 그 다음은 입학사정관제 전형(48.2%)이다. 논술전형으로 입학한 학생 중 32.5%, 정시로 대학에 들어온 학생 중 20.3%만이 국가장학금을 받은 것과 대조된다. 경희대는 학생부교과 전형과 입학사정관전형으로 들어온 학생들의 가구 소득이 낮은 반면 논술과 정시로 대학에 들어온 학생들의 가구 소득은 높다고 발표했다.

입학사정관전형은 학생부교과 중심의 대입 전형과 함께 대표적으로 돈이 적게 드는 입시 방식이라는 점이 어느 정도 밝혀진 셈이다. 게다가 2014학년도부터는 내신을 중시하는 입시전형이 모두 입학사정관전형의 형태로 통합됐다. 앞으로 입학사정관전형을 '가장 평등한 입시 제도'라고 해야 하지 않을까?

전략이 곧 차별화

입학사정관제는 흔히 '엄마 전형'이라는 비판을 받아왔다. 그리고 조만간 입학사정관제가 사라질 것이라는 예상도 나오고 있다. 뒤에서 상세히 다루겠지만, 입학사정관제라는 이름은 사라져도 입학사정관 서류종합평가라는 방식은 오히려 대학입시의 핵심으로 자리 잡아갈 것이다. 게다가 엄마 전형이라는 비판은 온당하지 못하다. 학부모들이 자기소개서와 학생부의 '진정한 내용'을 채워줄 수는 없기 때문이다. 이런저런 풍문에 휘둘리며 스펙 쌓기와 외부 행사 따라다니기에 집중한 결과는 자기소개서의 '진정한 내용'을 만들어내지 못한다. 학부모들이 잘못된 정보에 현혹되어 학생들의 시간 낭비를 조장해왔다면 입학사정관제에서 학부모가 당락을 좌우했다는 비판은 타당하지 않은 셈이다.

전략의 부재는 시간 낭비를 부른다.

학생들에게 전략이 없는 것은 2년 반 후를 고민하지 않았기 때문이다.

입시를 대비해 차근차근 준비를 해나가기보다는 당장의 과제만 수행하는 데 급급했기 때문에 정작 자기소개서를 작성해야 하는 시기가 오면 뒤늦은 후회를 하게 된다. 이렇게 방치된 틈을 타서 사교육 업체들은 학생들에게 스펙이 필요하다는 루머를 퍼트리고 소위 '정보에 빠른' 학부모들이 스펙 경쟁과 단기성 행사 참여에 집착하면서 왜곡된 전략으로 발전한다. 학생들도 마찬가지다. 또래 집단들 사이에 오고 가는 정보는 확대 재생산된 루머가 대부분이다. 특히 학생들은 쉽고 편하게 대학을 갈 수 있는 방법에 대한 욕구가 강하기 때문에 노력 없이 자기소개서를 꾸밀 수 있는 단기적 처방들을 찾아 헤맨다. 이 역시 전략의 부재로 인한 왜곡된 전략일 뿐이다.

필수 스펙이 있다는 풍문을 경계하라.

핵심 전략은 고교 입학부터 수시모집 원서접수에 이르는 2년 반 기간을 염두에 두는 것이다. 자기소개서의 '진정한 내용'을 만들기 위한 2년 반 동안의 효과적인 방법을 제시하는 것이 입시전문가가 해야 할 일이다. 그러기 위해 현재 수시모집에서 실시하는 학생부 및 서류전형의 경향이 무엇인지, 그리고 입학사정관제 혹은 입학사정관 서류평가의 본질이 무엇인지 정확한 이해가 필요하다. 나아가 실질적으로 학생들이 해야 할 활동에는 어떤 것들이 있는지에 대해서도 학부모와 학생들이 반드시 알아야 한다.

인식의 전환: 전략적 사고는 누구에게 필요한가?

이 책을 읽어야 할 1차 대상은 바로 학부모, 특히 자녀가 고등학생인 학부모다. 고등학생들의 지적 능력과 판단력은 하루가 다르다. 하지만 고3과 그 이전은 정말 큰 차이가 난다. 필자가 학생들을 지도하다 보면 1, 2학년 때 만난 학생이 고3이 되면 전혀 다른 사람이 되어 있는 모습을 보곤 한다. 이 이야기는 정작 전략을 세워야 하는 1, 2학년 때는 아직 객관적으로 현실과 자신을 인식하고 합리적인 계획을 세우는 능력이 부족하다는 것이다. 따라서 학부모의 역할이 중요하다.

자녀가 아직 중학생이나 초등학생인 학부모들에게도 이 책은 상당히 유용한 지침서가 될 것이다. 상대적으로 시간이 많을 때 진로 계획을 세우기 위한 다양한 기회를 제공해줄 수 있기 때문이다. 사실 하루하루가 바쁜 고등학생들이 다양한 경험을 하는 것은 어려울 수 있다. 뒤에서 자세히 제시하겠지만 고교 진학 전에 이뤄진 체험과 경험들은 관심사를 형성하고 동기를 부여할 좋은 기회가 된다.

학부모들과 함께 일선 고교 선생님들의 인식전환 또한 절실하다. 상당수의 고등학교에서는 활발하게 입학사정관전형을 대비하고 있다. 학생들의 전공적성과 연관된 활동을 뒷받침하는 수업이나 활동을 개설하고, 동아리 활동이나 예체능 활동을 활성화하는 노력이다.

그러나 여전히 일부 고등학교에서는 수시모집을 아예 포기해버린다. 그러면서 지금까지 그 학교에서 수시모집으로 상위권 대학에 합격한 학생이 없다는 것을 근거로 제시한다. 그러나 합격사례가 없다는 이야기는 수시입시가 불가능한 게 아니라 그 학교 학생들이 준비를 제대로 하지 않았다는 것을 의미한다. 따라서 수시모집을 포기하는 것은 학교가 수시입학이 가능한 학생들에게 기회조차 주지 않는 것이다. 단 한 명의 학생이라도 성공할 수 있도록 선생님들은 입학사정관 서류종합평가의 준비방법을 자세히 알려주고 학생들이 스스로 준비할 수 있도록 적극적으로 도와야 한다.

2

서류종합평가 개념잡기

입학사정관제가 도입되고 수시모집 정원이 점차 늘어나고 있으나 도대체 어떤 준비를 해야 하는지 모르기 때문에 이런저런 풍문에 흔들리게 된다.

가장 중요한 것은 현재 수시모집의 특징과 변화추세가 무엇인지 명확하게 파악하는 것이다. 이를 바탕으로 학생부 및 서류전형에 도입되고 있는 입학사정관 서류종합평가가 어떤 요소에 집중하는지 파악해야 한다. 그래야만 전략을 도출할 수 있다.

수시모집의 변화: 서류종합평가의 확산과 정착

현재 대학에서 실시하고 있는 수시모집의 전형을 간단히 분류해보자. 상위권 대학들은 3~4개 이상의 전형에서 다양한 방식으로 학생들을 선발하고 있다. 그런데 전형 명칭이 너무 복잡하고 다양하다 보니 아무리 살펴봐도 무슨 내용인지 도통 알 수 없는 경우가 많다. 수시모집 전형은 강조하는 평가요소에 따라 다섯 가지 정도로 분류가 가능하다.

첫째, 논술중심 전형이다.

수능최저기준을 넘은 학생 중에서 논술고사 성적을 중심으로 선발하는 전형이다. 현재 대학별로 가장 많은 학생을 선발하는 방식이다.

둘째, 내신중심 전형이다.

소위 내신성적이라고 불리는 학생부교과성적을 중심으로 선발하는 전형이다.

셋째, 서류종합평가 전형이다.

내신이나 특기, 활동 어느 한쪽에 치우치지 않고 종합적으로 학생의 역량을 평가하여 선발하는 전형으로 입학사정관제가 정착된 형태라고 할

구분		전형 특징	대학별 전형
논술중심 전형		대입 수시모집에서 가장 비중이 높은 전형. 수능최저기준을 충족한 학생 중 논술고사 성적이 우수한 학생을 선발	각 대학 일반전형 및 논술전형
입학사정관 전형	내신중심 전형	학생부교과성적(내신성적) 중심으로 선발하는 전형. 최근 대학은 이 전형을 입학사정관전형으로 분류하고 단순 내신 줄세우기 평가에서 탈피하여 학생의 역량을 종합적으로 평가하는 방식으로 변화하고 있다.	서울대지역균형선발전형/ 고려대 학교장추천/ 연세대, 서강대, 중앙대 학교생활우수자/한양대 학업우수자/경희대 학교생활충실자 등
	서류종합평가 중심 전형	학생부와 자기소개서, 증빙서류 등을 통해 학생의 학업역량과 전공적성 등을 종합적으로 평가하는 전형. 입학사정관제의 대표적인 형태. 내신중심 전형에 비해 내신성적의 비중이 다소 낮다. (대학별로 차이가 크다는 점 유의)	서울대 일반전형/고려대 OKU미래인재 전형/ 성균관대 성균인재 전형/ 서강대 자기추천 전형/ 한양대, 이화여대 미래인재 전형/ 서울시립대 입학사정관전형/중앙대 다빈치형인재 전형/ 경희대 네오르네상스 전형/한국외대 HUF글로벌인재 전형

특기중심 전형	인문계열은 어학특기를 중심으로 선발하는 전형으로 공인어학점수 뿐만 아니라 에세이, 영어 면접 등으로 어학능력을 평가한다. 자연계열은 수학과 과학 분야의 실적을 중심으로 선발한다.	각 대학 특기자/특별/ 글로벌 전형
수능중심 전형	수능최저기준을 논술우선 선발기준 수준으로 높게 설정하여 수능기준만 충족하면 학생부나 서류평가로만 선발하는 전형. 수능 최저기준 충족이 관건이 되는 전형 (일부 대학은 수능이후 원서접수 혹은 자소서 입력)	서강대 서류 전형/한양대 브레인한양/중앙대 수학능력우수자/ 이화여대 학업능력우수자 우선선발/건국대 수능우선학생부

수 있다.

넷째, 특기중심 전형이다.

인문계열의 경우 대부분 어학특기를 중심으로 선발하는 전형이다. 자연계열은 수학과 과학 분야 특기를 중심으로 선발하는 전형이 있다.

다섯째, 수능중심 전형이다.

일부 대학의 경우지만 수능성적이 우수한 학생들을 서류평가만으로 선발하는 전형이다.

　총 다섯 가지 분류를 바탕으로 수시모집 전형들을 살펴본다면 각 전형이 강조하고 있는 요소가 무엇인지 확인할 수 있을 것이다.

　그러나 최근 입시의 변화는 각 전형의 경계가 무너지고 있다는 점을 보여준다. 특히 내신중심 전형을 입학사정관전형으로 분류하는 방향이 완전히 정착되었으며, 특기중심 전형에서도 서류종합평가를 도입하는 경우가 많아졌다. 결국 서류종합평가가 내신중심 전형, 특기중심 전형에서도 강조되면서 전형 간의 경계가 무너지고 있다. 이러한 변화는 서울대와 연세대, 고려대를 중심으로 이뤄지고 있으며 그 외 상위권 대학들도 변화추세에 동참하고 있다.

입학사정관전형?
입학사정관 서류종합평가!

대학마다 발표하는 입학계획이나 모집요강을 보면 '입학사정관전형'이라는 명칭을 많이 쓰고 있다. 하지만 입학사정관전형이라는 명칭에 집착할 필요는 없다. 입학사정관전형으로 분류되어 있지 않더라도 학생부와 자기소개서, 증빙서류를 바탕으로 학생의 역량을 종합적으로 평가하는 서류종합평가를 실시하는 경우가 많아지고 있다. 특히 서울대 일반전형의 평가방식이 정착되어감에 따라 상위권 대학들에서 논술을 제외한 모든 전형에 서류평가를 도입하고 있다.

따라서 이 책에서는 형식적 분류인 입학사정관전형이라는 명칭을 굳이 고집하지 않기로 했다. 앞으로 '입학사정관 서류종합평가' 혹은 '서류종합평가'라고 지칭하는 것은 수시모집에서 학생부, 자기소개서, 증빙서류 등을 바탕으로 한 평가가 당락에 중요한 요소가 되는 평가방식을 통칭하는 것으로 이해해 주길 바란다.

대학별 수시 전형 변화추세

*전형의 세부 사항은 변경될 수 있으니 마지막까지 각 대학의 모집 요강을 꼼꼼히 확인해보아야 한다.

| 서울대 |

변화의 중심에는 서울대가 있다. 서울대는 2014학년도에 전체 모집 인원 3,124명 중 82.3%인 2,572명을 수시모집으로 뽑는다. 정시모집에서 수능 점수로 선발하는 인원은 17.7%인 552명뿐이다. 서울대는 지속적으로 수시모집 선발 인원을 확대하고 정시모집 선발 인원을 축소해왔다. 더구나 수시모집 인원 중 미충원자를 정시모집으로 이월하지 않고 수시모집에서 추가하기 때문에 정시모집으로 서울대에 갈 기회는 더욱 적어졌다.

수시모집은 일반전형과 지역균형선발 전형으로 나뉜다. 이중 일반전형으로 전체의 57.9%에 달하는 1,808명을 선발한다. 즉 일반전형이 서울대에 입학할 수 있는 가장 큰 기회다. 일반전형은 1단계에서 서류평가 100%로 모집인원 1.5~3배를 선발하고 2단계에서 1단계 성적과 면접구술고사 성적을 합산해 최종 합격자를 가린다. 이때 서류평가가 바로 입학사정관 서류종합평가방식으로 진행된다. 서울대는 서류평가에서 "학업능력, 자기주도적 학업태도, 전공분야에 대한 관심, 지적 호기심 등 창의적 인재로 발전할 가능성을 종합적으로 평가"한다고 밝히고 있다. 평가방법은 "다수의 평가자에 의한 다단계 종합평가"이며 "평가과정에서 예술·체육활동을 통한 공동체

정신과 교육환경, 교과이수기준 충족여부 등을 고려"한다고 밝히고 있다. 즉 학생이 제출한 자기소개서와 학교생활기록부, 추천서, 증빙자료에 근거하여 학생의 학교생활과 활동, 전공적성과 학업역량을 종합적으로 평가한다는 것이다. 서울대 일반전형은 2단계에서 면접구술고사가 당락에 결정적인 영향을 미치지만 일단 1단계 서류평가를 통과하기 위해서는 학생부와 자기소개서를 중심으로 한 종합평가가 핵심이 된다.

특히 서울대는 입학사정관 서류종합평가라는 평가방식을 명확하게 하기 위해 2012학년도까지 유지되던 '특기자 전형'이라는 명칭을 2013학년도부터는 '일반전형'으로 변경했다. 이것은 어학이나 소질 등 특기가 있어야만 지원할 수 있는 게 아니라 학업능력과 학교생활, 전공적성이 우수한 학생이라면 누구나 지원할 수 있다는 의미를 강조하기 위한 변화다.

또 하나 주목할 점은 모집단위를 학과제로 전환했다는 점이다. 2013학년도부터 사회과학대학이나 인문대학과 같은 광역 단위로 학생을 선발하지 않고 개별 학과 단위로 학생을 선발하는 방식으로 바꿨다. 이것은 수시모집에서 전공학과에 대한 적성을 강조한다는 것을 의미한다.

나아가 서류평가에서 불필요한 요소들을 명확하게 제시했다. 2014학년도 수시모집 안내에서 공인 어학성적과 AP성적(Advanced Placement. 북미 대학과목 선행이수 시험)을 평가에 반영하지 않는다는 점을 명시한 것이다. 사실 공인 어학성적과 AP성적이 서울대 수시모집에서 중요한 요소가 아니라는 점은 수차례 확인된 바 있다. 그러나 일부 사교육 업체의 루머에 힘입어 수많은 학부모와 학생들이 스펙 쌓기에 열중하면서 시간을 낭비해왔다. 이에 서울대는 스펙 쌓기가 무의미하다는 점을 정확하게 적시하여 혼란을 최소화하고자 한 것이다. 게다가 증빙서류는 오직 자기소개서의 진위를 확인하기 위해 활용된다는 점을 명시했으며 제출할 수 있는 증빙서류는 5개 항목, 개당 3페이지로 제한했다. 기존에 증빙서류를 10개 항목, 개당 5페이지로 제한했으나 2014학년도부터 제출 가능한 서류의 양을 줄인 것이다. 학교생활기록부와 자기소개서를 중심으로 평가하겠다는 서울대의 방침을 보여주는 변화다.

또한 서울대는 지역균형선발 전형으로 전체의 24.4%인 764명을 선발한다. 지역균형선발 전형은 고등학교당 2명으로 제한된 학교장 추천 학생들을 대상으로 하며 단계 구분 없이 서류종합평가와 면접고사를 통해 선발한다. 학교장 추천을 받은 학생들 간의 경쟁이기 때문에 내신성적이 무엇보다 중요한 전형이지만 실제 결과를 보면 내신성적이 우수한 학생이 불합격하고 이에 못 미치는 학생이 합격하는 경우가 자주 발생한다. 전 교과에서 1등급을 받은 학생이 불합격하기도 한다. 물론 '지역균형'을 염두에 둔 전형이다 보니 지역적 안배가 이루어진 것으로 볼 수도 있다.

여기서 중요한 것은 지역균형선발 전형의 서류종합평가 내용이나 방식이 일반전형과 같다는 점이다. 즉 내신성적만 좋고 그 외의 학교생활 및 활동이 부실한 학생은 불합격할 수 있다.

요약하면 서울대는 일반전형은 물론 내신성적이 중요한 지역균형선발 전형에서도 입학사정관 서류종합평가를 중시하는 방향으로 수시모집을 정착시켜가고 있다. 서류종합평가를 중심으로 하는 전형이 주요 전형으로 자리를 잡고, 내신이나 어학특기를 강조하는 전형도 서류종합평가방식을 도입해 단순한 내신 및 어학점수 줄세우기에서 벗어나 학생의 종합적인 역량을 평가하는 방식으로 변화하고 있는 것이다.

전형명	모집인원	전형방식
정시모집	552명	1단계: 수능(2배수 선발) 2단계: 수능60＋논술30＋학생부10
일반전형	1,808명	1단계: 서류100(1.5~3배수) 2단계: 1단계 성적50＋ 구술50 (자유전공은 2단계에서 서류 및 구술종합평가) (사범대는 2단계: 1단계성적50＋구술면접30＋교직인적성20)
지역균형선발	764명	서류평가와 면접종합평가

| 연세대 |

연세대 역시 전체의 70% 이상을 수시모집으로 선발하고 있다. 현재 주요 상위권 대학입시에서 수시모집이 차지하는 비중은 70%를 상회한다. 그만큼 입시의 초점이 정시모집이 아닌 수시모집에 맞춰져 있는 것이다. 연세대도 논술고사를 중심으로 선발하는 일반전형을 제외하고, 특기자 전형과 입학사정관전형은 모두 입학사정관 서류종합평가에 기초해서 선발한다. 서류종합평가를 중시하는 변화를 명확하게 보여주고 있다.

연세대는 입학사정관전형으로 전체의 16.4%를 뽑는다. 입학사정관전형 중 학교생활우수자 전형은 본래 내신성적에 의해 당락이 좌우되는 내신중심 전형이다. 그러나 2014학년도부터 큰 변화가 일어났다. 기존에는 1단계에서 학생부교과, 즉 내신성적으로 합격자를 선발하고 2단계 서류평가, 3단계 면접을 거쳐 최종 합격자를 선발했다. 그러나 2014학년도에는 기존의 1단계 학생부교과 평가를 없앴다. 이제는 1단계 서류종합평가 후 2단계에서 서류평가와 면접구술 평가를 종합해 합격자를 선발한다.

이러한 변화는 연세대가 학교생활 우수자를 선발할 때 내신성적의 절대적인 영향력을 줄이고 서류종합평가를 중시하는 방향으로 선회했다는 사실을 보여준다.

전체의 26.1%를 선발하는 특기자 전형 또한 입학사정관 종합평가가 중심을 이룬다. 명칭은 특기자 전형이지만 외부대회 입상실적이나 어학특기가 당락을 좌우하지 않는다. 학생부와 자기소개서에 드러난 학생의 학업역량과 전공적성 등이 핵심적인 평가지점이 되는 것이다. 일단 특기자 전형 인문계열은 외국어 및 외국어에 관한 교과, 국제 전문교과 이수단위 합이 58 이상이거나 이수단위 합이 30 이상이면서 상위등급 30단위 가중 평균등급이 2.0등급 이내인 학생이 지원 가능하다. 이때 해외 고등학교나 검정고시 출신자가 아닌 국내고 출신자는 학생부, 자기소개서, 추천서 이외에는 어떤 서류도 제출할 수 없다. 국내 정규 고등학교에서 이와 같은 요건을 충족한 학생은 공인어학 점수를 제출하지 않기 때문에 연세대 특기자 전형은 한마디로 공인어학 점수로 경쟁하는 전형이 아니라는 사실을 알 수 있다.

연세대 특기자 전형은 1단계에서 학생부, 자기소개서, 추천서를 종합적으로 평가하는 서류종합평가를 실시하고 일정 인원에 대해 2단계에서 서류평가와 면접구술시험을 실시한다. 이때 최종적인 당락은 2단계의 면접구술시험이 좌우한다고 할 수 있으며 인문계열 지원자는 한국어 심층구술면접, 국제계열 지원자 중 언더우드 학부는 영어 심층구술면접, 국제계열 지원자 중 아시아학부, 융합사회과학, 테크노아트 학부는 영어 인성면접과 한국어 심층구술면접을 실시한다.

그러나 일단 2단계 심층구술면접의 기회를 얻기 위해서는 1단계 서류종합평가에서 우수한 평가를 받아야 한다. 연세대 특기자 전형의 평가방식 역시 서류종합평가로 이루어진다는 점을 유념할 필요가 있다.

특히 인문계열은 글로벌리더 전형의 부활이라는 점에서 중요한 의미를 갖는다. 2012학년도까지 글로벌리더라는 이름으로 실시되었던 전형이 이름을 바꿔 다시 부활한 것이다. 2012학년도까지 입시결과를 놓고 보면 어학 점수가 크게 중요하지 않았다. 이 사실은 서류종합평가가 이루어지는 수시모집 전형에서 공인어학 점수가 주요 스펙이 될 수 없음을 명확히 보여주는 것이다.

연세대는 2013학년도 모집요강에서 학교생활 우수자와 특기자 전형

등 수시모집의 서류종합평가가 이루어지는 모든 경우에 대해 '국내고 재학 중 취득한 AP, SAT 성적과 사설기관과 연계된 해외봉사 활동 및 리더십 프로그램 등'을 평가에 반영하지 않는다고 공시했다. 역시 무의미한 스펙 쌓기를 경계하고 있다는 점을 잘 보여준다.

전형명	모집인원	전형방식
일반전형	833명	우선선발(70%):논술70＋교과20＋비교과10 일반선발(30%):논술50＋교과40＋비교과10
특기자전형	954명	1단계: 서류100(일정배수) 2단계: 서류60＋면접구술40 ※1단계 서류 우선선발 가능
입학사정관 학교생활 우수자	510명	1단계: 서류100(일정배수) 2단계: 서류 및 면접 종합평가 ※1단계 서류 우선선발 가능
입학사정관 창의인재	20명	1단계: 서류100(일정배수) 2단계: 서류 및 면접 종합평가 ※1단계 서류 우선선발 가능

| 고려대 |

고려대는 논술고사를 중심으로 선발하는 일반전형을 제외한 모든 전형에서 입학사정관 서류종합평가를 실시한다.

그려대는 대표적인 내신중심 전형인 학교장추천 전형을 입학사정관전형으로 분류하고 있다. 학교장추천 전형은 1단계가 서류종합평가다. 특히 고등학교당 인문/자연 1명씩 추천하던 방식을 바꿔 2명씩으로 늘렸다. 학교장 추천을 받는 학생은 어차피 내신 최상위권이기 때문에 단순히 내신성적순이 아니라 학업역량과 전공적성의 우수성까지 평가하겠다는 의도다. 2단계에서 서류평가와 심층구술면접 평가를 거쳐 최종 합격자를 선발한다.

특별전형 중 국제인재 전형은 어학능력을 중심으로 하는 특기중심 전형이다. 그러나 여기서도 1단계에서 서류종합평가를 실시해 학업역량과 전공적성을 종합적으로 평가하고 있다. 실제로 토플 만점에 가까운 학생이 불합격하고 텝스 850점대의 학생이 합격하는 사례가 나타난다. 즉 공인어학 점수 외에 학업역량이나 전공적성을 보여줄 수 없다면 불합격할 수밖에 없다는 것이다.

물론 국제인재 전형은 2단계에서 실시되는 심층구술면접에서 논리적인 사고력을 강도 높게 요구하기 때문에 최종 당락은 심층구술면접고사에 의해 좌우된다고 할 수 있다. 하지만 일단 1단계를 통과하기 위해서는 어학 실력은 물론 학생부와 자기소개서, 증빙서류를 종합적으로 평가하는 서류종합평가에서 높은 점수를 받아야만 한다.

서류종합평가의 전형으로 OKU미래인재 전형이 있다. 이것 역시 특별전형으로 분류되어 있지만 입학사정관전형이냐 특별 전형이냐 하는 명칭은 의미가 없다. 실제 평가가 서류종합평가를 중심으로 이루어진다는 점이 중요한 것이다. OKU미래인재 전형도 1단계에서 서류종합평가를 통해 종합적으로 평가한다. 고려대는 리더십, 봉사, 전공적합성, 창의성, 성실성을 수시모집 전형의 핵심 평가요소로 지정하고 있는데, OKU미래인재 전형은 이 다섯 가지 요소에 고루 충실한 펜타곤형 인재를 선발하기 위한 것이다.

2단계에서는 서류평가와 면접, 창의성 평가를 통해 최종 합격자를 선발한다. 최종 당락은 2단계에서 서류의 내용을 심층적으로 확인하는 면접과 강의 동영상을 시청하고 이를 바탕으로 리포트를 작성하는 창의성 평가에서 결정된다. 학생들은 강의를 시청하고 이 내용을 정확히 파악하여 정리하고 분석해야 하며, 나아가 논리적으로 입장을 전개해야 한다.

전형명	모집인원	전형방식
일반전형	1366명	우선선발(70%) : 논술70 + 학생부30 일반선발(30%) : 논술50 + 학생부50
입학사정관전형 학교장 추천	630명	1단계 : 서류100(3배수) 2단계 : 1단계성적70 + 구술면접30
국제인재 특별전형	300명	1단계 : 서류100(3~5배수) 2단계 : 1단계성적70 + 구술면접30
과학인재 특별전형	270명	1단계 : 서류100(3~5배수) 2단계 : 1단계성적60 + 구술면접40
OKU미래인재 특별전형	120명	1단계 : 서류100(5배수) 2단계 : 서류50 + 면접30 + 창의성평가20

| 성균관대 |

성균관대 수시모집에서 가장 큰 비중을 차지하는 것은 논술중심인 일반전형이다. 1300명 정도를 논술중심 전형으로 선발한다. 그리고 성균인재 전형에서 800명 정도를 선발한다. 바로 이 성균인재 전형이 입학사정관제의 가장 전형적인 형태라고 할 수 있다. 학생부, 자기소개서를 중심으로 학생의 학업역량, 학교생활 및 자기주도적 활동, 전공적성을 종합적으로 고려하여 학생을 선발하는 방식으로, 면접과 같은 추가 단계 없이 입학사정관의 정성적인 서류평가만으로 우수 학생을 선발하고 있다. 성균인재 전형은 별도의 증빙서류를 제출하지 않고 오직 학생부와 자기소개서만을 중심으로 평가하기 때문에 학내 활동과 연관이 없는 사설 경시대회나 공인어학점수 등의 교외 활동이 평가에 반영되지 않는다. 성균관대는 성균인재 전형의 모집 인원을 늘리고 있는 추세이며, 특히 최상위 학과인 글로벌리더, 글로벌경영, 글로벌경제학과에서 인원을 확대하고 있다. 성균인재 전형이 성균관대를 대표하는 수시모집 전형으로 자리 잡아가고 있다고 할 수 있다.

성균관대는 어학특기 전형인 특기자 전형은 있지만 따로 내신중심 전형은 실시하지 않고 있다. 학생부가 중심인 수시모집 전형을 성균인재 전형으로 일원화한 것이다. 이처럼 학생부를 주요평가요소로 하는 수시 전형을 한 가지 전형에서 집중 실시하는 것은 현 정부의 대입 간소화 방안과 일치하는 것이며 앞으로 다른 대학들이 변화하게 될 방향을 보여주는 것과 같다.

전형명	모집인원	전형방식
일반전형	1315명	우선선발(70%): 논술70+학생부30 일반선발(30%): 논술50+학생부50
성균인재 전형	805명	계열모집단위 우선선발(50%): 서류100 일반선발(50%): 서류60+교과40 학과 모집단위: 서류100
특기자 전형	393명	서류60+교과40

| 서강대 |

서강대는 논술 전형과 수능중심인 서류전형으로 가장 많은 학생을 선발한다. 그 외에 특기중심 전형인 알바트로스 특기자 전형과 내신중심 전형인 학교생활우수자 전형이 있다.

서강대는 서류종합평가 중심 전형이라고 할 수 있는 자기추천 전형에서 70명 정도로 적은 인원을 선발해 다른 상위권 대학과는 조금 다르다. 자기추천 전형은 1단계에서 서류종합평가를 실시하고 2단계 면접으로 최종 합격자를 선발한다. 이때 학생부와 자기소개서, 우수성 입증자료를 바탕으로 학생이 지닌 학업역량과 전공적성을 종합적으로 평가한다.

입학사정관전형 중 내신중심 전형인 학교생활우수자 전형에서는 일부 변화가 보이고 있다. 2014학년도부터 학교생활우수자 전형에서 내신성적 1.5등급 이내 학생을 모두 만점 처리한다고 밝힌 것이다. 이러한 방침은 단순한 내신성적 줄세우기를 탈피하고 서류종합평가방식을 강화하는 움직임으로 볼 수 있다. 학교생활우수자의 구체적인 전형 방식이 학생부교과 75%에 서류평가 25%인 점을 감안하면 내신의 절대적 영향력은 점차 줄어들고 다양한 측면에서 학생의 역량을 평가하는 방식이 될 것으로 보인다.

수능중심 전형으로 소개한 서류전형의 경우 일단 높은 수준의 수능최저기준을 충족시키는 것이 관건이다. 하지만 서류전형의 수능최저기준은 논술 전형의 우선선발 수능최저기준과 유사한데, 논술 전형의 경우 수능최저기준을 충족한다고 해도 논술성적으로 최저 4:1의 경쟁률을 극복해야 한다. 마찬가지로 서류전형도 수능최저기준을 충족했다고 자동 합격되는 것이 아니라 일정 정도의 경쟁률을 뚫어야 한다.

　　서류전형에서 이루어지는 서류종합평가는 내신성적을 배제하고 학생부와 자기소개서를 통해 학업역량과 전공적성을 평가한다. 따라서 서강대 서류전형은 수능중심 전형이긴 하지만 최종 당락을 좌우하는 평가는 서류종합평가라고 할 수 있다.

전형명	모집인원	전형방식
논술전형	540명	우선(70%): 논술70＋교과10＋비교과20 일반(30%): 논술50＋교과30＋비교과20
서류전형	253명	서류100(학생부는 비교과만 반영)
알바트로스 특기자 전형	150명	〈인문사회계열〉 1단계: 에세이100 2단계: 1단계성적80＋서류20 〈자연계열〉 1단계: 서류100 2단계: 1단계성적60＋서류40
입학사정관전형 학교생활우수자	131명	1단계: 학생부75＋서류25 2단계: 1단계성적80＋면접20
입학사정관전형 자기추천	71명	1단계: 서류100 2단계: 1단계성적60＋면접40

| 한양대 |

논술중심 전형인 일반우수자 전형으로 가장 많은 인원을 뽑는다. 공인어학 성적으로 지원자격을 두는 글로벌한양 전형의 경우 공인어학점수가 당락에 미치는 영향은 크지 않으며 논술고사 성적이 당락을 좌우한다는 점에서 논술중심 전형이라고 할 수 있다.

한양대의 입학사정관전형 중 서류종합평가 중심 전형은 미래인재 전형이다. 1단계에서 입학사정관 종합평가를 거쳐 2단계 면접을 통해 최종 합격자를 선발한다. 미래인재 전형 역시 학생부와 자기소개서, 증빙서류를 중심으로 학생의 역량을 종합적으로 측정하고 있다. 특히 미래인재 전형의 선발 인원이 점차 늘고 있어 한양대가 입학사정관 서류종합평가를 강조하고 있다는 점을 알 수 있다.

입학사정관전형 중 내신중심인 학업우수자 전형의 경우 1단계에서 학생부교과성적으로 평가하고 2단계에서는 입학사정관 종합평가와 면접을 실시한다. 1단계 통과를 위해 우수한 내신성적이 반드시 필요하지만 2단계 입학사정관 종합평가에서는 내신성적을 배제하고 학생부와 자기소개서를 통한 평가가 이루어진다.

한양대는 수능중심 전형인 브레인한양 전형도 입학사정관전형으로 분류하고 있다. 유사한 수능중심 전형이 있는 서강대와 비교할 때 브레인한양 전형은 수능최저기준이 서강대에 비해 낮은 편이다. 브레인한양 전형의 선발 인원이 모두 한양대의 최상위 학과인 파이낸스경영, 정책, 행정, 경영, 경제금융, 미디어학과임을 고려할 때 수능최저기준이 그다지 높지 않다는 것은 서류종합평가가 당락을 좌우하는 중요한 요소라는 사실을 보여준다. 내신성적을 배제하고 학생부와 자기소개서를 중심으로 평가하는 브레인한양 전형은 한양대가 매우 각별한 관심을 가지고 실시하는 전형이라는 점에서 서류종합평가가 한양대에서도 중시되고 있다고 볼 수 있다.

전형명	모집인원	전형방식
일반우수자	840명	우선(60%): 논술70＋교과20＋비교과10 일반(40%): 논술50＋교과30＋비교과20
글로벌한양	145명	논술50＋공인어학성적50
입학사정관전형 학업우수자	322명	1단계: 학생부교과100 2단계: 우선(70%): 입학사정관평가50＋면접50 　　　　일반(30%): 입학사정관평가50＋면접50 * 2단계 평가에서 학생부교과성적 반영하지 않음
입학사정관전형 브레인한양	254명	우선선발(70%): 입학사정관 종합평가100 일반선발(30%): 입학사정관 종합평가100 * 입학사정관 종합평가 시 학생부교과 반영하지 　않음
입학사정관전형 미래인재	155명	1단계: 입학사정관 종합평가100 2단계: 1단계성적50＋면접50

| 중앙대 |

중앙대는 수시모집에서 논술우수자 전형으로 1,200명 가량의 많은 인원을 선발하고 있다. 이와 함께 어학특기중심인 특기자 전형과 수능중심인 수학능력우수자 전형, 내신중심인 학교생활우수자 전형이 있다.

중앙대를 대표하는 입학사정관전형은 다빈치형인재 전형이다. 다빈치형인재 전형은 학업능력, 리더십, 봉사, 자기주도/창의성, 문화친화성이라는 다섯 가지 핵심 평가 영역에 고루 능력을 갖춘 학생을 선발한다. 1단계에서 학생부, 자기소개서, 증빙자료를 바탕으로 서류종합평가를 실시하고 2단계에서 면접을 거쳐 최종 합격자를 선발한다. 특히 중앙대는 모집 요강에 명시적으로 공인어학성적과 교외 수상실적, 해외봉사 실적을 증빙서류로 제출할 수 없도록 금지하고 있으며, 다른 증빙서류 제출도 선택사항이다.

내신중심인 학교생활우수자 전형은 2014학년도부터 중앙대가 입학사정관전형으로 분류하고 있다. 1단계에서 내신성적만으로 학생을 평가하므로 내신성적이 매우 중요하지만 2단계에서는 서류와 면접을 통해 최종 합격자를 선발한다. 사실 중앙대의 내신중심 전형은 2013학년도까지는 내신성적만으로 평가하는 학생부형 수시통합 전형이었다. 하지만 2014학년도부터 입학사정관전형인 학교생활우수자 전형으로 전환하여 서류종합평가를 도입한 것이다. 중앙대 또한 내신중심 전형에 입학사정관 서류종합평가를 결합하는 방향으로 입학 전형이 변화하고 있다는 점을 확인할 수 있다.

수학능력우수자 전형은 비교적 높은 수능 최저기준을 충족한 학생들을 대상으로 서류평가만으로 합격자를 선발한다. 수능 최저기준을 통과한 뒤 서류종합평가에서 우수한 성적을 얻어야만 최종 합격이 가능하다. 수학능력우수자 전형의 당락을 가르는 서류평가는 내신성적을 배제하고 학생부와 자기소개서에 근거한 종합적 평가로 이루어진다는 점에서 입학사정관 서류 종합평가방식이라고 할 수 있다.

전형명	모집인원	전형방식
논술우수자	1,275명	우선선발(60%): 논술70＋교과20＋비교과10 일반선발(40%): 논술60＋교과25＋비교과15
수학능력우수자	499명	서류100
입학사정관전형 다빈치형인재	294명	1단계: 서류100(3배수) 2단계: 서류 및 면접종합평가100
입학사정관전형 학교생활우수자	264명	1단계: 교과100(5배수) 2단계: 우선선발:서류100 　　　　일반선발:서류 및 면접 종합평가100
특기자전형	과학인재 171명 글로벌리더 258명	〈과학인재〉 서류60＋수리과학평가40 〈글로벌리더〉 우선선발(60%): 서류70＋에세이30 일반선발(40%): 서류50＋에세이50

| 이화여대 |

이화여대 역시 논술중심인 일반전형으로 가장 많은 학생을 뽑는다. 수능중심인 학업능력우수자 전형과 내신중심인 지역우수인재 전형, 어학특기중심인 특별 전형이 있다.

이화여대의 대표적인 입학사정관전형은 미래인재 전형이다. 미래인재 전형은 1단계에서 서류와 내신성적을 평가하고 2단계 면접으로 최종 합격자를 선발한다. 이때 1단계 서류평가는 학생부와 자기소개서를 중심으로 종합평가를 진행하여 면접 대상자를 선발하기 때문에 입학사정관제의 전형적인 평가방식을 따르고 있다.

또한 지역우수인재 전형은 내신중심 전형으로 고등학교별로 6명으로 제한된 학교장 추천 인원 중 1단계에서 내신과 서류평가를 실시하고 2단계가 면접이다. 내신이 당락에 미치는 영향이 상당히 큰 가운데 서류종합평가가 결합되어 있는 전형이라고 할 수 있다.

이화여대는 앞서 살펴본 서강대, 한양대, 중앙대와 유사하게 수능중심전형인 학업능력우수자 전형을 실시하고 있다. 학교가 요구하는 수능최저기준을 충족한 학생을 대상으로 학생부교과와 비교과를 평가하여 최종 합격자를 선발한다. 여기서 내신성적인 교과의 반영비율이 90%이고 비교과의 반영비율은 10%이기 때문에 내신성적이 가장 중요하다. 그러나 수능최저기준이 높은 우선선발의 경우 내신성적을 10단위만 반영하기 때문에 사실상 내신성적이 일정 수준에 이른 학생들은 10단위 평균 1등급을 받게 된다. 가령 1학년 성적이 국어 4단위, 영어 4단위, 사회 2단위 1등급만 있어도 다른 학기나 과목과 상관없이 10단위 1등급인 것이다. 결국 우선선발 수능최저기준을 충족한 학생들 사이에서 당락을 좌우하는 것은 교과성적이 아닌 10% 반영되는 비교과성적이며, 이에 대한 평가는 입학사정관 서류종합평가로 이루어진다.

전형명	모집인원	전형방식
일반전형	670명	우선선발(40%): 논술70＋학생부교과30 일반선발(60%): 논술70＋학생부교과30 *스크랜튼 학부는 우선60%, 일반 40%
입학사정관전형 미래인재전형	글로벌인재 180명 과학인재 120명	1단계: 서류80＋학생부교과20(3.5배수) 2단계: 1단계성적70＋면접30
학업능력우수자전형	320명	우선선발(40%): 학생부교과90＋학생부비교과10 일반선발(60%): 학생부교과90＋학생부비교과10
특별전형	어학우수자 95명 국제학부 80명	1단계: 서류100(3.5배수) 2단계: 1단계성적60＋면접40
입학사정관전형 지역우수인재 전형	270명	1단계: 교과80＋서류20(3.5배수) 2단계: 1단계성적70＋면접30

| 서울시립대 |

서울시립대는 입학 전형의 간소화를 가장 명확히 실천하고 있는 대학이다. 서울시립대는 정부의 교육정책을 적극 수용하여 2014학년도부터는 수시 모집 전형을 단 두 가지로 운영하고 있다. 이와 같은 변화는 앞으로 정부의 대학입시 간소화 방침에 의해 수시모집이 어떤 방식으로 변화할 것인지를 보여주는 모범사례다. 다시 말해, 서울시립대의 입시전형이 다른 대학의 수시모집 전형의 미래라고 할 수 있는 것이다.

서울시립대는 수시모집 인원의 절반 이상인 465명은 입학사정관전형으로 뽑고 411명을 논술 전형으로 뽑는다.

입학사정관전형은 1단계 서류종합평가, 2단계 전공적성평가로 최종 합격자를 선발한다. 특히 서울시립대는 학생부, 자기소개서, 교사의견서만으로 평가하며, 증빙서류를 요구하지 않는 데다가 '사교육 유발 가능성이 높은 비교과 자료 및 스펙사항을 인정하지 않으며, 학생부에 기재된 자료만 평가에 반영한다'고 명시하고 있다. 입학사정관전형에 스펙이 무용하다는 점을 다시 한 번 확인시켜주는 것이다.

시립대의 입학사정관전형은 시립대가 기존에 해왔던 내신중심 전형, 특기중심 전형을 입학사정관 서류종합평가 중심으로 통합한 결과다. 이처럼 논술 전형과 입학사정관전형이라는 양대 축으로 수시모집을 진행하는 것이 현재 대학입시 간소화라는 정부 방침에 따른 변화 방향이다. 따라서 정도의 차이는 있지만 다른 대학의 경우에도 논술중심 전형이라는 한 축을 유지하는 가운데 내신중심 전형, 특기중심 전형 등을 서류종합평가 중심 전형으로 통합하는 방식이 일반화될 것으로 예상된다.

전형명	모집인원	전형방식
논술전형	411명	논술 100% *학교장 추천자에 한함
입학사정관전형	465명	1단계: 서류100 2단계: 전공적성평가100

| 경희대 |

경희대는 수시모집에서 논술중심인 논술우수자 전형, 서류종합평가 중심인 네오르네상스 전형, 내신중심인 학교생활충실자 전형, 특기중심인 글로벌·과학인재 전형으로 선발한다.

경희대의 대표적인 입학사정관전형인 네오르네상스 전형은 1단계에서 학생부, 자기소개서, 활동자료 및 실적물을 바탕으로 한 서류종합평가를 실시하고, 2단계에서 면접을 거쳐 최종 합격자를 선발한다. 입학사정관에 의한 종합평가는 학생의 전공 적합성, 자기주도성, 경험다양성, 발전가능성, 인화관계성을 종합적으로 평가하는 방식이다.

내신중심인 학교생활충실자 전형은 1단계에서 학생부교과, 2단계에서 서류종합평가를 실시하여 최종 합격자를 선발한다. 이때 내신성적으로 1단계 합격자를 가려내지만 2단계 서류평가는 네오르네상스 전형과 동일하다. 즉 내신성적과 서류종합평가를 결합하는 것이다.

경희대에는 종전에 내신성적만으로 선발하는 교과우수자 전형이 있었으나 2014학년도부터는 교과우수자 전형을 폐지하고 학교생활충실자 전형으로 통합 운영하고 있다. 역시 내신중심 전형에 입학사정관 서류종합평가가 강화되는 추세와 일치한다.

전형명	모집인원	전형방식
논술우수자전형	1250명	우선선발(30%)∶ 논술80＋학생부20 일반선발(70%)∶ 논술60＋학생부40
입학사정관전형 네오르네상스	580명	1단계∶ 서류100 2단계∶ 1단계성적60＋면접40
입학사정관전형 학교생활충실자	400명	1단계∶ 학생부100(4배수) 2단계∶ 서류100
글로벌·과학인재전형	210명	서류100

| 한국외대 |

한국외대는 수시모집에서 입학사정관전형과 논술중심인 일반전형, 특기중심인 외국어특기자 전형으로 선발한다. 특히 2014학년도부터는 내신중심인 학업우수자 전형을 폐지하고 입학사정관전형과 논술중심 전형, 어학특기중심 전형이라는 3가지 전형으로 간소화했다. 한국외대의 수시모집 전형은 성균관대와 유사하다. 논술 전형과 특기자 전형을 실시하면서 학생부중점 전형은 입학사정관전형으로 통일하는 형태다.

입학사정관전형인 HUFS글로벌인재 전형은 1단계에서 서류종합평가를 실시하고 2단계에서 면접을 거쳐 최종 합격자를 선발한다. 1단계는 학생부와 자기소개서를 바탕으로 학교생활 충실성과 전공적합성, 의사소통 능력을 종합적으로 고려하는 전형적인 서류종합평가다. 2013학년도까지는 1단계에서 교과 30%, 서류평가 70%를 합산하여 평가를 진행했지만 2014학년도부터는 1단계에서 평가반영비율을 정하지 않고 말 그대로 '서류종합평가'를 통해 입학사정관전형으로서의 특징을 명확히 했다.

전형명	모집인원	전형방식
일반전형 (논술)	692명	우선선발(60%): 논술70＋학생부30 일반선발(40%): 논술50＋학생부50
HUFS글로벌인재전형	480명	1단계: 서류100 2단계: 1단계점수50＋인적성면접50
글로벌리더전형	350명	영어(181명): 공인어학성적30＋영어에세이70 외국어(61명): 공인어학성적30＋외국어에세이70 교육과정연계(108명): 학생부30＋영어에세이70

대학입시의 새로운 패러다임: 입학사정관 서류종합평가

앞서 살펴본 각 대학의 수시모집 전형들의 현황과 변화 양상은 결국 입학사정관 서류종합평가의 확산과 정착이라고 정리할 수 있다.

현재까지의 수시모집 변화추세는 다음과 같다.

첫째, 입학사정관전형 자체가 강화되고 있다. 입학사정관이 학생부와 자기소개서와 같은 서류에 근거하여 학생의 학업역량과 전공적성, 인성 등을 종합적으로 평가하는 서류종합평가 중심 전형이 각 대학의 대표적인 수시모집 전형으로 자리 잡아가는 추세다.

둘째, 내신과 어학특기를 강조하는 전형에 서류종합평가가 결합되어 강조되고 있다. 이미 대부분의 대학에서 내신중심 전형은 곧 입학사정관전형으로 규정되고 있다. 상위권 대학에서는 어학특기중심 전형에서 어학성적의 절대적 비중을 낮추거나 아예 어학성적을 제출하지 못하도록 하고 있다. 이는 곧 내신성적과 어학성적만으로 학생을 선발하는 것이 아니라 서류종합평가를 통해 종합적으로 평가한다는 것이다. 이러한 경향은 특히 서울대, 연세대, 고려대 등 상위권 대학에서 두드러지게 나타난다.

셋째, 수시모집 전형 간소화에 따라 입학사정관전형 중심으로 다른 전형을 통폐합하는 움직임이 가속화되고 있다.

결론적으로 입학사정관전형 혹은 입학사정관 서류종합평가가 향후 우리나라 수시모집의 새로운 패러다임이 되고 있다는 점은 명확하다. 이러한 사실은 대입준비전략에 중대한 시사점을 던지는 것이다. 구체적으로 말해, 서류종합평가를 위한 준비가 특정 대학이 아니라 주요 상위권 대학 전반을 겨냥한 준비가 된다는 것이다. 가령 서울대를 목표로 하는 학생이 서류종합평가를 위해 충실한 준비를 해왔다면 연세대와 고려대도 함께 준비하는 셈이다. 반대로 서류종합평가를 충실히 준비하지 않았다면 상위권 대학의 수시모집에서 대부분의 기회를 잃게 된다.

정부의 대입 간소화 방안… 대입 제도의 변화는?

정부가 추진 중인 대입 간소화 방안은 복잡한 대학입시를 개선하기 위해 대입 전형을 몇 가지로 통폐합하여 축소하자는 정책이다. 간단히 말해 수시모집에서는 학생부와 논술로 학생을 선발하고, 정시모집에서는 수능으로 학생을 선발하도록 하는 방향이다. 만일 이대로 정부정책이 발표된다면 앞서 분류한 5가지 수시모집 전형 유형이 2~3가지로 축소될 것이다. 앞으로는 수시모집에서 '학생부중심 전형'과 '논술중심 전형', 그리고 정시모집에서 '수능중심 전형'으로 간소화가 추진된다는 말이다.

이와 같은 논의의 전개 과정에서 '입학사정관제 폐지' 논란이 일어났다. 입학사정관제가 고등학생이 정규 교과과정에서는 성취하기 어려운 '스펙'을 보고 학생들을 뽑기 때문에 사교육을 유발하고 박탈감을 심화시킨다는 것이 비판의 주 내용이었다. 그러나 이러한 비판은 입학사정관전형 혹은 입학사정관 서류종합평가가 지향하는 바를 정확히 인식하지 못했기 때문에 발생한 오해라고 할 수 있다. 정작 서류종합평가에서는 스펙이 결정적인 영향을 주지 않음에도 불구하고 다소 억울한 비판이 가해진 것이다.

사회적 논란으로 '입학사정관제'라는 명칭은 사라질 수 있다. 그러나 서류종합평가라는 평가방식은 더욱 강화될 것이다.

변화의 방향은 입학사정관전형을 일원화하여 서류종합평가

를 중심으로 학생을 선발하는 방식이 '학생부 중심 전형'으로 정착되는 것이다. 먼저 서울시립대가 학생부 전형인 입학사정관전형과 논술 전형, 단 두 가지 전형만을 수시모집에서 실시한다. 성균관대와 한국외대 역시 입학사정관전형을 일원화하여 '학생부 중심 전형'으로의 변화에 보조를 맞추고 있다.

이때 눈여겨볼 변화는 '증빙서류'의 폐지이다. 이미 많은 대학에서 서류종합평가 시 '스펙'에 해당하는 증빙서류를 제출하지 못하도록 하고, 오직 학생부와 자기소개서, 추천서만으로 학생을 평가한다. 하지만 여전히 일부 대학이 증빙서류를 요구하거나 선택 제출할 수 있게 함으로써 과도한 스펙 따기 경쟁과 사교육 유발이라는 논란의 진원지가 되고 있다.

현재 대입 간소화 방안과 관련하여 대학이 증빙서류를 받지 못하도록 하는 정책이 논의되고 있다. 이미 학생부에는 '스펙' 사항을 기재할 수 없도록 되어 있기 때문에 만일 현재 방향대로 대입 간소화 방안이 나온다면 서류종합평가에서 '스펙'을 제출할 수 있는 길은 완전히 사라지게 된다.

정부는 대입 간소화 방안의 일환으로 수시모집에서 적용하는 수능최저기준을 손보려고 하고 있다. 한국대학교육협의회나 한국교육개발원은 수능최저기준을 폐지하거나 완화해야 한다고 입을 모은다. 만일 수능최저기준을 폐지 혹은 완화하도록 정부가 가이드를 제시한다면 대학 입장에서는 수시모집의 구도를 완전히 다른 방식으로 개혁할 수밖에 없다. 지각변동이 불가피하다.

예상되는 대학의 변화는 두 가지다. 우선 각 대학은 논술 전형 모집 인원을 대폭 축소시킬 수 있다. 현재 논술 전형은 수능 성적으로 일정 정도 우수성이 입증된 학생을 중심으로 논술이라는 보조 평가 도구를 통해 선발하는 전형이다. 이때 대학들은 우선선발이라는 제도를 통해 상당히 높은 수준의 수능최저기준을 충족한 학생들을 논술 전형에서 우선적으로 선발하려고 하고 있다. 대학 입장에서는 수능과 논술이라는 두 가지 방식으로 우수 학생을 선별할 수 있기 때문에 가장 많은 인원을 논술로 선발하고 있다. 그러나 수능최저기준을 폐지·완화하게 되면 이러한 논술 전형의 장점이 사라진다. 논술에만 의존하여 학생을 선발하는 것은 위험한 일이기 때문에 현재의 논술 전형 선발 인원을 일정 부분 축소할 수 있다. 그렇게 되면 논술중심 전형에서 축소한 선발 인원은 학생부 중심 전형의 선발 인원 증가로 이어질 것이고, 이는 서류종합평가의 강화로 귀결될 것이다.

두 번째 변화는 논술 전형을 단계별 전형 방식으로 변경하는 것이다. 과거 서울대 특기자 전형을 실시했던 방식대로 1단계에서 학생부 중심의 서류종합평가로 대상자를 선발하고, 2단계에서 논술 고사를 실시하여 최종 당락을 결정하는 방식이다. 수능최저기준 폐지·완화로 인해 종전처럼 수능으로 우수 학생을 걸러낼 수 없으니 학생부 중심의 서류종합평가로 우수 학생을 뽑아 논술 고사를 실시하는 것이 대학의 입장에서는 합리적인 방안이 될 것이다.

서류종합평가: 무엇을 평가하는가?

서류종합평가는 말 그대로 서류를 종합적으로 평가하여 학생을 선발하는 방식이다. 하지만 '종합'이라는 말 자체가 상당히 모호하고, 대학이 제시하는 평가요소들도 모호하기는 마찬가지다. 성실성, 학업역량, 학교생활충실성, 자기주도성, 전공적합성, 창의성, 리더십, 인화성, 소통력 등 무엇 하나 딱 부러지는 게 없다.

상황이 이렇다 보니 오해와 루머가 난무한다. 대학에서 공식적으로 언급한 적은 없는데 '풍문'이 학부모와 학생들에게 퍼져 나간다. 실제로 특정 '스펙'을 갖춘 학생들이 서류종합평가를 통해 합격하면서 오해와 루머는 진실처럼 받아들여진다.

정량평가와 정성평가의 차이

우리 학부모와 학생들은 그간 정량평가에 익숙해져 있다. '양(量)'을 평가한다는 의미에서 정량평가는 학생이 지니고 있는 능력을 수치로 환산하여 평가하는 방식이다. 대표적으로 수학능력시험은 학생의 실력을 표준점수와 백분위점수, 등급으로 표시하여 수치를 통해 평가할 수 있게 한다. 내신성적은 원점수와 백분위, 석차 등급이 표시되어 누가 잘하는지 수치로 평가할 수 있는 지표다. 공인어학점수 역시 115점, 119점과 같이 수치로 표시되어 있다. 또 한국사인증 1급, 한자인증 1급, AP 5등급처럼 학생의 능력을 수치로 표시할 수 있는 것들은 많이 있다.

분기 혹은 월마다 시험을 보고 성적을 내서 학생의 학업능력을 평가하는 데 익숙해진 학부모와 학생들의 입장에서 대학입시 역시 정량평가의 일종이 되는 것이 마음 편할 것이다. 특히 현재 고등학생 자녀를 둔 학부모 입장에서는 학력고사와 같이 전국 단위의 시험성적만으로 대학을 가는 것이 속 편하다는 이야기가 자주 들리고 있다.

이처럼 정량평가에 익숙하다 보니 서류종합평가에서 이루어지는 '정성평가'를 이해하기 어려운 것이다. '양(量)'이 아닌 '질(質)'을 측정하는 정성평가는 수치화하기 어려운 역량까지 종합적으로 평가하는 방식이다. 가령 "이 학생은 전공에 대한 관심에 진실성이 있고 대학에서 전공을 공부하기 위한 기초적인 소양과 능력을 갖추기 위한 노력을 충실히 했다", 혹은 "이 학생은 전공에 대한 관심을 가지고 있지만 이를 발전시키기 위한 노력이 구체적으로 드러나지 않는다"는 평가가 바로 정성평가다.

정량평가에서 정성평가로 변화, 그 차이를 알면 스펙 풍문에서 벗어날 수 있다.

수치로 드러나지 않는 영역을 평가하다 보니 대학은 평가요소를 구체적으로 밝힐 수가 없다. 학부모와 학생들이 원하는 답을 해줄 수가 없는 것이다. 정량평가에 익숙한 학부모와 학생들은 서류종합평가에서 필요한 '스펙'이 무엇인지를 궁금해 한다. 공인어학성적은 몇 점이 되어야 하는지, 한국사인증은 필요한지, 한자인증은 필요한지 알고 싶어 한다. 그러나 대학은 정량적인 요소만으로 학생을 평가하지 않으며 실상 스펙을 그다지 중시하지도 않는다. 따라서 대학은 서류종합평가를 통해 학생의 역량을 다각적으로 종합평가한다는 원칙만 제시할 수밖에 없는 것이다. 정량적인 학부모, 학생과 정성적인 대학 간에 말이 통하지 않는 것은 어찌 보면 당연한 일이다. 지루한 소통단절이다.

정량평가와 정성평가, 서로 말이 통해야지

TV 드라마들은 시간이 흘러도 그 본질이 변화하지 않는 듯하다. 복잡한 치정 관계와 복수, 출생의 비밀, 그리고 반드시 빠지지 않는 것이 있으니 바로 부모의 결혼 반대다.

부모는 딸이 데려온 남자의 모든 것이 마음에 들지 않는다. 재산도 얼마 없고, 학벌은 물론 직장도 변변치 않다. 금이야 옥이야 키운 딸을 보낸다는 게 어이없는 일이다. 하지만 딸이 보는 이 남자는 일단 믿음직하고 성실하다. 자신이 맡은 일은 아무리 사소한 일이라고 하더라도 최선을 다한다. 게다가 버스에 타면 항상 노인이나 임산부에게 자리를 양보하고 어려운 사람을 그냥 지나치지 못한다. 또 자신이 아무리 힘들어도 여자친구를 먼저 배려하고 절대 한눈을 팔지 않는다. 집에 가보니 그의 성실함과 다정함, 솔직함은 그의 부모에게서 물려받은 것임이 확실하다. 그런데 이런 이야기를 부모는 들어주지 않는다.
이 전형적인 스토리에서 부모는 정량평가에 집착하는 사람이다. 수치로 환산되는 재력, 학벌, 직업, 연봉이나 겉모습을 중심으로 평가하는 방식에 익숙해져 있다. 딸이 남자를 평가하는 방식은 평소 그 사람의 구체적인 행동과 삶의 과정에서 나타나는 특성들을 정성적으로 평가하는 것이다. 이렇게 서로 다른 평가 방식을 가진 둘 사이에 대화가 쉬이 이루어지기는 어렵다.

제도와 인식의 괴리: 서류종합평가에 대한 오해

학생 선발권은 대학에 있다. 그렇다면 당연히 학부모와 학생은 정성평가 방식에 익숙해지도록 변화해야 한다. 그럼에도 여전히 명확한 수치와 점수를 알고 싶어 하는 학부모와 학생들은 자신들의 오해를 강화하는 방식으로 대응해왔다.

학부모 사이에 가장 많이 회자되던 루머는 이렇다.

'대학이 학생의 역량을 종합적으로 평가한다는 것은 사실 정치적 수사에 불과하다. 정부, 정치권이나 시민단체에서 대학들을 압박해 성적일변도의 대학입시를 개선하도록 하니까 대학에서 마지못해 입학사정관전형을 실시한다고 발표한 것이다. 그리고 실상은 객관적인 점수에 따라 선발하기 때문에 몇 가지 필수적인 요소에서 점수를 따야 한다.'

정량평가라는 틀에서 벗어나지 못한 학부모와 학생들은 결국 정치적 음모론을 동원하여 루머를 양산하고 오해를 키우기에 이르렀다.

루머의 버전은 다양하게 나타났다. 결국은 내신성적 순으로 학생을 선발한다거나 공인어학점수가 높은 학생을 선발한다거나 소위 '스펙'으로 불리는 각종 인증시험과 자격 급수가 높은 학생을 선발한다는 '풍문'이 횡행

했고 지금도 여전히 지속되고 있다.

　대학이 수능최저기준만 반영하는 것이 아니라 실제로는 수능점수가 높은 학생을 선발하며 심지어 학생부에 기재된 수능 모의고사 성적이 높은 학생을 선발한다는 루머까지 만들어졌다. 놀라운 일은 이와 같은 루머를 믿고 학생부에 수능 모의고사 성적을 기재하는 학교가 상당수 있다는 점이다. 이쯤 되면 단순한 해프닝이라고 보기 어렵다. 결국 심각한 사회적 낭비를 가져오기 때문이다.

　실제로 서류종합평가라는 새로운 제도와 학부모, 학생이 갖고 있는 인식 사이의 괴리는 시간과 노력, 금전의 낭비를 가져왔다. 그중 대표적인 문제가 바로 AP 열풍이다. 서울대에서 AP성적을 중요하게 반영한다거나 혹은 필수적으로 요구한다는 루머가 학부모들을 중심으로 확산되었다. AP는 대학 교과를 미리 공부해 치르는 시험으로 미국과 영국 대학에 입학하는 데 도움이 되는 인증이다. 즉 영미권 유학을 준비하는 학생이라면 필수지만 우리나라의 대학입시에서 중요하게 반영된 적은 없다. AP성적을 서류종합평가에 일부 반영한 대학이 있을 수는 있다. 하지만 핵심적인 평가요소가 되거나 필수가 된 적은 없다.

　어느 대학도 공식 언급을 한 적이 없는데도 몰아친 AP 열풍은 루머의 무서움을 보여주는 사례다. 이러한 루머는 서울대가 AP성적과 공인어학성적을 증빙자료로 제출하지 못하도록 공지하면서 일단락된 듯하다. 그러나 여전히 정량평가에 익숙한 학부모들은 새로운 음모론을 만들어내고 있다. 서울대가 공식적으로는 AP성적과 공인어학성적을 제출하지 못하게 했지만 이 내용이 학생부에 기재되어 있다면 서류종합평가에서 상당히 중요하게 반영한다는 풍문이 고개를 들고 있다. 하지만 사실 학생부에 이런 내용은 절대 기재할 수 없다. 변화를 수용하고 합리적으로 인식하는 길은 참으로 멀고도 험하다.

과도기에 나타난 오해 유발자들은 다양한 방식으로 이른바 '필수 스펙'과 같은 루머를 양산하고 오해를 유발한다. AP 열풍도 사교육 업자들이 만들어낸 오해 중 하나다. 마음이 불안한 학부모와 학생의 심리를 파고든 상술이라고 할 수 있다.

더 심각한 사례도 많이 있다. 서류종합평가에서 좋은 평가를 받기 위해 국내 봉사활동으로는 글로벌 역량을 보여줄 수 없으니 해외에서 봉사활동을 해야 한다는 루머가 그중 하나다. 그러나 개인적으로 사설업체를 통해 수행한 봉사활동은 학생부에 기재 불가능하다. 게다가 상위권 대학은 해외 봉사활동은 평가에 반영하지 않으며, 관련서류제출을 금지한다고 밝히고 있다. 봉사의 구체적인 내용과 과정이 중요한 것이지 해외봉사에 가산점을 준다는 이야기는 낭설에 불과하다.

사설업체나 비공인기관에서 진행하는 행사나 경시대회도 많이 있다. 서류종합평가가 중요해지면서 너도나도 학생들을 유치할 수 있는 행사들을 개최하고 경시대회를 열고 있다. 이러한 행사 참여나 경시대회 입상은 물론 학생의 전공에 대한 관심과 학업역량을 보여줄 수 있는 좋은 계기가 될 수도 있다. 그러나 실제로 대학은 사설업체에서 실시하는 행사참여나 경시대회 성적을 중시하지 않으며, 심지어는 아예 자료를 제출하지 못하도록 공지하고 있다. 공인된 각종 행사참여와 경시대회 입상의 경우에도 학생의 역량을 보여줄 수 있는 평가요소 중 일부가 될 수 있을지 몰라도 서류종합평가의 '필수'나 '핵심'이 되는 것은 결코 아니다.

모의유엔이나 모의국회에 참여하지 않아도 국제적인 문제와 정치적인 문제에 대한 학생의 관심과 지적 탐구의 과정을 보여줄 수 있는 방식은 무수히 많다. 봉사활동 시간이 적어도 봉사정신과 봉사를 통한 학생의 성장을 평가할 수 있는 것이 서류종합평가다. 오히려 스펙만 만들기 위해 고군분투한 학생에게는 학업과 전공관련역량을 키우기 위한 구체적인 노력과 과정이 잘 드러나지 않을 수 있다.

선배들의 성공/실패담이 제일 무섭다!

학생과 학부모들은 선배들의 입시 성공담 혹은 실패담에 귀를 기울인다. 특히 대입 전형의 평가방식이 명료하게 딱 떨어지지 않는 경우에 이런 경험적인 정보에 마음이 갈 수밖에 없다.

논술을 가르치다 보면 자주 듣는 이야기 중 하나가 논술성적이 중요하지 않다는 이야기다. 선배들이 해준 이야기를 학생과 학부모들이 듣고 옮기는 것이다. 그 선배의 이야기는 이렇다. 자기는 평소 글쓰기도 잘하고 논술도 잘한다는 평가를 많이 받았는데 결국 논술 전형에서 탈락했으니 이것은 분명 논술로 평가한 게 아니라는 것이다. 수능최저기준을 충족했지만 수능점수가 높은 게 아니라서 떨어진 것이지 논술성적으로 떨어진 것은 아니라고 덧붙인다. 이런 이야기를 듣고 온 학생은 대학이 수능최저기준만 반영하는 것이 아니라 수능점수를 반영해서 합격자를 선발한다는 어이없는 음모론을 신봉하게 된다.

수능최저기준을 충족하고 논술 전형에서 불합격했다면 그건 당연히 논술을 잘 못 쓴 것이다. 글짓기와 논술의 차이를 혼동하는 사람들이 있다. 글짓기를 잘하면 당연히 논술도 잘한다고 생각하지만 실상은 다르다. 논술에서 중요한 것은 주어진 제시문과 자료에 대한 정확한 독해와 분석, 이를 바탕으로 한 논리적인 사고다. 글짓기를 잘하는 학생 중 상당수는 주어진 논제와 제시문과는 무관하게 화려한 수사와 비논리적인 당위만 반복하는 경우가 많다. 혹은 무의미한 배경지식이나 철학사상을 읊으며 답안을 망치는 경우도 많다. 이런 학생들은 논술을 못하는 것이고 그래서 불합격한 것이지, 수능점수가 원인이라는 음모론으로 자신의 부족한 이해력, 분석력, 사고력에 대한 변명을 해서는 안 된다.

선배들의 성공담, 실패담은 그저 참고일 뿐이다. 자신이 왜 합격했고 왜 낙방했는지 본인들이 정확히 이해하기는 어렵다.

필요한 것은 '스펙 따기'가 아니라 '역량 쌓기'

입학사정관전형 혹은 입학사정관 서류종합평가에서 '스펙'이라는 표현은 여러 가지 오해의 원천이 되고 있다. 이제는 더 이상 '스펙'이라는 표현을 쓰지 않기를 권한다.

언어의 힘은 무섭다. 대입에서 스펙이라는 말이 사용되면서 대입을 준비하는 학생들도 취업을 준비하는 사람들처럼 어학점수, 자격증 및 인증과 같은 것을 서류종합평가의 필수 요소로 이해하게 된 것이다. 그러나 수치나 점수로 표현되는 능력만을 의미하는 스펙이라는 단어는 서류종합평가에 어울리는 표현이 아니다. 게다가 '스펙 따기'라는 표현도 적절하지 않다. 준비 과정에서 필요한 것은 학업과 전공에 대한 역량을 쌓아가는 '역량 쌓기'가 되어야 한다. 정말 필요할 경우 점수와 인증을 얻을 수는 있지만 본말이 전도된다면 서류종합평가에서 우수한 평가를 받기 어렵다.

경제학 전공을 염두에 두고 있는 학생의 경우를 생각해보자. 만일 이 학생이 경제학 관련 인증시험인 테셋(TESAT)에서 우수한 성적을 얻었다고 하자. 우수한 테셋 성적은 경제현상에 대한 학생의 지식수준과 노력을 보여주는 근거다. 하지만 테셋도 기출문제와 예상문제 등 객관식 시험공부만으로도 좋은 성적을 얻을 수 있기 때문에 그 점수가 곧 경제학이라는 학문에 대한 탐색과 역량강화를 의미한다고 보기 어렵다. 대학에서는 테셋에만 집중한 학생 대신에 학교 경제수업에 적극적으로 참여하고 관련된 독서와 연구활동을 한 학생에게 보다 높은 점수를 줄 것이다.

구체성, 지속성, 진실성에 주목하라!

서류종합평가는 정성평가다. 이를 준비할 때 집중해야 할 원칙이 있다.

첫째는 **구체성**이다. 한 마디로 내가 노력한 과정이 구체적으로 드러나야 한다는 것이다. 한국사인증에서 우수한 등급을 받은 것보다 훨씬 중요한 것은 한국사에 대해 관심을 갖게 된 동기와 자신의 희망 전공과의 연관성에 대한 올바른 인식이다. 역사적으로 어떤 부분에 각별한 관심을 가지고 있었는지, 그래서 학교 수업에 참여하여 어떤 부가적인 활동을 했는지, 또는 역사 관련 수행평가를 잘하기 위해서 어떤 노력을 했는지, 자기주도학습은 어떤 방식으로 했는지, 관련된 독서는 무엇을 했고 어떻게 관심을 발전시켰는지가 인증점수, 등급보다 훨씬 중요하다.

두 번째는 **지속성**이다. 학업과 적성에 대한 역량을 쌓는 것은 일시적이거나 단기적인 이벤트가 아니다. 오랜 시간에 걸쳐 차근차근 노력을 기울여야만 한다. 어떤 활동을 하더라도 고등학교 기간 전체를 역량 쌓기의 기간으로 보고 접근하는 것이 좋은 평가를 받을 수 있는 지름길이다. 가령 모의유엔에 참여해서 좋은 평가를 받았다는 결과보다 더 중요한 것은 평소 국제정치에 대해 관심을 가지고 어떤 책을 읽었으며, 어떤 자료를 검색하고 정리했는지, 그래서 모의유엔에서 어떻게 표출했는지와 같은 지속적인 노력의 과정들이다.

셋째는 **진실성**이다. 거짓이 없어야 한다는 의미뿐만 아니라 관심과 노력이 진심에서 우러나와야 한다는 의미에서 진실성이다. 정말 영어를 좋아한다면 영어를 즐길 수 있는 다양한 길을 모색할 것이다. 진실성은 공부를 즐기는 가운데 나타난다.

구체성, 지속성, 진실성은 결국 학생이 갖추어야 할 하나의 덕목으로 집약된다. 바로 '학문하려는 자세'다.

대학은 어떤 곳인가? 서울대 총장을 지낸 정운찬 교수는 "대학은 사회의 발전을 이끌어가고 새로운 지식을 창출해낼 수 있는 인재를 키우는 교육이 활발하게 이루어지는 열린 곳으로 거듭나야 한다. 오늘날 대학에서 교육을 받는 젊은이들은 부단한 노력을 기울여 새로운 지적 자극을 찾아나서야 하며, 대학은 학생들의 지적 호기심을 충족시켜줄 뿐만 아니라 모든 경계를 넘나드는 자유로운 창조정신과 비판정신을 갖추도록 도와줄 수 있어야 한다"고 밝히고 있다.

대학이 생각하는 우수한 학생이란 결국 대학 교육을 충실히 받고 학문 연구를 수행함으로써 남다른 학문적, 사회적 기여와 성취를 이룰 수 있는 인재를 의미한다. 따라서 학생에 대한 평가는 결국 '학문하려는 자세'를 갖추었느냐는 질문이나 다름이 없다.

학교생활세부사항기록부 (학교생활기록부Ⅱ)

졸업 대장 번호						사진
학년 \ 구분		학과	반	번호	담임성명	
1						

1. 인 적 사 항

학 생	성명: 주소:	성별:	주민등록번호:
가족 부 가족 모	성명: 성명:	생년월일: 생년월일:	
특기사항			

2. 학 적 사 항

특기사항	

3. 출 결 사 항

학년	수업일수	결석일수			지각			조퇴			결과			특기사항
		질병	무단	기타	질병	무단	기타	질병	무단	기타	질병	무단	기타	

4. 수 상 경 력

구분	수상명	등급(위)	수상연월일	수여기관	평가대상

5. 자격증 및 인증 취득상황

구분	명칭 또는 종류	번호 또는 내용	취득연월일	발급기관

6. 진로지도상황

학년	특기 또는 흥미	진로희망		특 기 사 항
		학생	학부모	

7. 창의적 체험활동상황

학년	창의적 체험활동상황		
	영역	시간	특기사항
	자율활동		
	동아리활동		
	봉사 활동		
	진로활동		

학년	봉 사 활 동 실 적				
	일자 또는 기간	장소 또는 주관기관명	활동내용	시간	누계시간

8. 교 과 학 습 발 달 상 황

교과	과목	1학기			2학기			비고
		단위수	원점수/과목평균 (표준편차)	석차등급 (재적수)	단위수	원점수/과목평균 (표준편차)	석차등급 (재적수)	

과목	세 부 능 력 및 특 기 사 항

9. 독서활동상황

학년	과목 또는 영역	독서활동 상황

10. 행동특성 및 종합의견

학년	행동 특성 및 종합의견

학생부에 기재되는 내용을 알면
서류종합평가가 보인다!

교육부가 일선 교사들에게 배포한 2013 학생부 기재 요령은 소위 '스펙'과 관련된 외부 수상이나 외부 인증 요소들을 학생부 기록에서 배제하고 철저히 학교생활 중심으로 학생부를 기재하도록 했다. 입학사정관 서류종합평가의 가장 중요한 평가 근거가 되는 학생부에 어떤 항목이 있고 어떤 내용이 기재되는지 안다면 무엇을 준비해야 하는지 기본개념을 잡을 수 있다.

1. 인적사항 2. 학적사항 3. 출결상황
학생의 기본 인적사항이 기재된다. 평가요소는 아니지만 개정된 학생부 기재 요령에 따라 학적사항과 출결상황에 학교폭력 관련 내용이 기재될 수 있다. 동료 학생을 아끼고 사랑하는 마음도 대학에서 학문하는 자세의 시작이라는 점을 주의하자.

4. 수상경력
대회와 관련된 수상은 교내에서 주최하고 주관한 대회의 수상실적만 등록할 수 있다. 교외 수상경력과 교외상 관련 대회 참가 사실은 학생부 어느 항목에도 입력이 불가능하다. 이때 모의고사와 관련한 교내 수상실적은 입력하지 않는다. 모의고사 성적을 학생부에 기록하면 서류종합평가에 유리할 것이라는 생각 자체를 사전에 차단하는 조치다.

5. 자격증 및 인증 취득상황

기술 관련 국가기술자격증, 국가자격증, 국가공인 민간자격증을 입력할 수 있다. 국가기술자격증과 국가자격증은 한국산업인력공단 Q-net 홈페이지(http://www.q-net.or.kr)에서 확인 가능하다. 국가공인 민간자격증은 반드시 기술 관련 자격증이어야 하며, 학생과 학부모들이 알고 있는 국가공인 민간자격증이 모두 포함되는 것이 아니다. 국어능력인증, KBS한국어검정, 한국실용글쓰기검정, 테셋, 매경test 및 각종 회계, 재무, 물류, 생산관리, 컴퓨터 실무 관련 자격증은 학생부에 기재할 수 있는 자격증이다.

그러나 텝스, 토플 등의 공인어학점수나 한자인증, 한국사인증은 기술관련 자격증으로 분류되지 않아 기재할 수 없다.

또 하나 주목할 점은 2013 학생부 기재 요령에서 학교 내외의 '인증'을 학생부의 어떤 항목에도 입력할 수 없도록 했다는 점이다. 입학사정관전형 준비를 위해 일선 고등학교에서 '인재인증'이나 '글로벌 인증' 혹은 '창의체험 인증' 제도를 만들어 일종의 '학내 스펙'을 따도록 했다. 사실 이런 것들도 서류종합평가를 '스펙 따기' 경쟁으로 이해했기 때문에 탄생한 기형적인 제도일 뿐이다.

6. 진로지도상황

특기 또는 흥미, 진로희망은 교사와 학부모, 학생 간의 충분한 상담과 사전 조사를 거쳐 작성하도록 하고 있다. 또한 학년이 바뀌면 수정이 원칙적으로 불가능하다. 서류종합평가에서 상당히 관심을 가지고 보는 항목이기 때문에 진로지도상황 이력을 관리하기 위한 전략적인 접근이 필요하다. 자세한 내용은 뒤에서 설명하기로 한다.

7. 창의적 체험활동상황

종전에는 분리되어 있던 재량활동과 특별활동이 창의적 체험활동으로 통합되어 기재된다. 자율활동, 동아리활동, 봉사활동, 진로활동이 기재 항목이다. 자율활동과 진로활동은 각 고등학교의 학교교육계획에 의해 학교에서 주최·주관하여 실시한 활동을 기재하는 것이다.

최근 많은 관심을 받고 있는 동아리활동은 정규교육과정 상의 동아리활동과 교육과정 외의 학교스포츠클럽 활동이 주요 기재 대상이다. 즉 학교에서 공식적으로 운영하는 동아리와 스포츠클럽 활동이 주요 기재 대상이라는 뜻이다. 뿐만 아니라 청소년 단체 활동 중 학교교육계획 이외의 활동의 경우 학교장의 승인이 반드시 필요하다. 이때 학교장이 승인할 수 있는 청소년 단체 활동은 규정에 정해진 바가 있으니 반드시 사전에 교사와 상담 후 활동을 해야 한다. 또한 학교교육계획에 의한 자율동아리 활동도 기재될 수 있다. 이때 반드시 자율동아리가 학교로부터 공식적인 승인을 받아 학교교육계획에 포함되어야 하므로 학교와 상의 없이 자율동아리를 운영하는 것은 학생부에 기재될 수 있는 사항이 아니다. 또한 자율동아리활동과 학교교육계획 이외의 청소년 단체 활동은 이수시간에는 포함하지 않고 특기사항으로 기재한다.

봉사활동은 학생이 나눔포털(http://www.nanumkorea.go.kr)을 이용하여 신청 후 진행하는 방법과 봉사활동계획서를 사전에 학교에 제출한 후 실시하는 방법 두 가지가 있다. 봉사활동을 학생의 자의로 실시하고 그 내용을 학생부에 기재해달라고 할 수 없다는 것이다. 따라서 봉사활동을 실시하기 전에는 반드시 나눔 포털을 검색하여 봉사활동이 가능한 단체인지 확인하고, 교사와 사전 상담하여 봉사활동계획서를 제출하도록 해야 한다.

또한 2013 학생부 기재요령에 따르면 교육부나 시도교육청 및 직속(산하)기관, 교육 지원청에서 주최·주관하는 체험활동은 창의적 체험활동으로 입력 가능하다. 대학이 주최·주관하는 진로체험활동은 학교교육계획이나 교육과정에 따라 실시한 활동일 경우에는 학생부 기재가 가능하나, 학생이 개별적으로 참여한 경우에는 입력하지 않도록 했다. 최근 대학에서 진로체험캠프를 많이 개최하고 있는데 무작정 캠프에 참여하고 학생부에 기재해달라고 요청해도 불가능하다는 이야기다. 대학이 개최하는 캠프에 참여하여 대학과 전공에 대한 관심을 갖는 것은 좋지만 캠프 참여 사실을 학생부에 기재할 수 없기 때문에 참여했다는 사실만으로 평가에 플러스 요소가 될 것이라고 기대하지는 말자.

8. 교과학습 발달상황

흔히 내신성적이라고 할 수 있는 교과성적이 입력되는 항목이다. 학생이 이수한 교과과목의 단위수, 원점수/과목평균, 석차등급이 표시된다. 서류종합평가에서는 점수나 등급과 같은 교과성적 자체도 중요하지만 학생의 구체적인 학습태도와 노력을 보여줄 수 있는 '세부능력 및 특기사항' 항목도 매우 중요하다. 이 항목에 학생의 학업성취 및 관심도, 참여도 등을 교사가 정성평가하여 기재하게 된다. 또한 세부능력 및 특기사항 란에 방과후 학교교육 활동내용을 기재하며, 고교-대학 연계 심화과정(UP) 이수상황을 기재할 수도 있다.

이전에는 세부능력 및 특기사항 란에 영어나 제2외국어 교과 교사가 학생의 공인어학성적을 기재하는 경우가 있었으나 2013 학생부 기재요령에서는 공인어학시험 성적을 학생부의 어느 항목에도 입력하지 못하도록 못을 박았다. 이제 학생부에 텝스, 토플 등의 어학성적을 기재하는 것은 불가능하다. 여기에 더해 모의고사 성적을 세부능력 및 특기사항으로 입력하는 것 또한 불가능하다.

9. 독서활동상황

학년별로 학생의 독서기록장, 독서 포트폴리오, 독서교육종합지원시스템 등의 증빙자료를 근거로 입력하게 되어 있다. 자세한 독서활동 전략은 뒤에서 설명하기로 한다.

10. 행동특성 및 종합의견

고등학생에 대한 1차 평가권을 가지고 있는 담임교사가 학생에 대한 전반적인 정성평가를 실시하여 기재하는 항목이다. 물론 대부분의 교사는 되도록 긍정적인 면만을 평가해 기술해주고 있다. 그러나 그 평가내용의 질은 분명 다를 수밖에 없다. 긍정적인 면을 기술해주려고 해도 긍정적인 평가를 내릴 수 있는 근거를 찾기 어렵다면 추상적이고 모호하게 설명할 수밖에 없다.

※ 학생부 기재내용 수정

원칙적으로 학년이 지난 후 내용을 수정하는 것은 불가능하다. 종전의 기록이 잘못되었다는 사실을 명료하게 보여줄 수 있는 증빙자료가 존재할 때에만 제한적으로 수정이 가능하다.

※ 수시모집 학생부 반영 학기

2014학년도까지는 '6. 진로지도상황'과 '9. 독서활동 상황', '10. 행동특성 및 종합의견'은 2학년 기록까지만 반영된다. 학년말에 기재하는 부분이기 때문에 9월에 제출되는 학생부에는 세 가지 항목이 빠져 있는 것이다. 하지만 나머지 항목은 모두 3학년 1학기 내용까지 반영된다. 2015학년도부터는 진로, 독서도 3학년 1학기까지 반영된다. 단, 졸업생(재수)의 경우에는 3학년까지의 모든 항목이 반영된다는 사실을 유념해야 한다.

핵심 내용 정리

1. 상위권 대학입시에서 입학사정관 서류종합평가 강화
   ① 입학사정관전형 선발인원 확대
   ② 내신 전형과 특기 전형이 입학사정관전형으로 통합 추세
   ③ 정부 방침인 대입 간소화에 따라 입학사정관전형으로 통합 추세 강화

2. 서류종합평가는 '정성평가'
   ① 학생의 생활과 활동을 다면적으로 평가
   ② 공인어학점수와 각종 인증, 외부 행사 참여와 같은 '스펙'이 중요하지 않다.
   ③ 학업역량, 전공역량과 관련된 활동의 과정이 핵심평가대상
   ④ 활동의 3대 원칙
      - 구체성 : 결과도 중요하지만 구체적인 과정에 충실하라.
      - 지속성 : 단기적, 일시적인 이벤트에 집착하지 말고 꾸준한 활동이 중요하다.
      - 진실성 : 학업과 전공에 대한 진실된 흥미와 열정, 창의성이 필요하다.
   ⑤ 상위권 대학에서 차별화할 수 있는 길은 '학문하려는 자세'
      - 전공학문에 대한 진지한 관심과 열정을 '활동'으로 보여줘야 한다.

3

중장기적 서류종합평가
준비전략

서류종합평가는 고등학교 생활 전체에서 나타나는 구체적인 노력, 활동들을 평가의 대상으로 삼고 있다. 고등학교 입학 후 모든 시기가 학업 및 전공역량의 강화과정으로서 의미를 지닌다. 그렇기 때문에 서류종합평가를 준비하는 시기는 사실상 고등학교 전 과정이라고 할 수 있다. 만일 이와 같은 중장기적 시야를 갖지 못하면 고3이 되어서야 서류에 쓸 내용을 만들기 위해 활동을 급조할 수밖에 없다. 또는 속은 없고 겉만 화려한 자기소개서 작성에 모든 힘을 쏟을 수밖에 없다. 두 방법 모두 구체성, 지속성, 진실성이 없으므로 필패의 길이다. 중장기 전략은 고등학교 입학과 동시에 시작되어야 한다.

시작은 빠를수록 좋다

고등학교 1학년 시기를 무의미하게 보내는 경우가 많다. 아직 대학이 멀게 만 느껴져 대입에 대한 진지한 고민이 없기 때문이다. 막연한 기대감과 불 안감 속에서 내신성적에만 매달리는 시기로 잘못 보내는 경우가 대다수다. 상대적으로 여유가 있는 1학년 시기를 내신에만 집중한다는 것부터가 전 략이 결여된 행동이다.

3학년이 되면 수능에 집중해야 하다 보니 매우 바쁘고 시간이 절대적 으로 부족하다. 그래서 서류종합평가를 준비하는 시기는 주로 2학년이다. 자신의 진로와 적성에 대한 고민은 물론 학업 및 전공역량을 쌓아가는 활동 까지 병행해야 하는 부담이 2학년 학생들을 짓누른다. 게다가 2학년 여름방 학이 지나면 본격적으로 수능 준비를 해야 하므로 다른 활동의 기회는 줄어 든다. 그렇다면 결국 서류종합평가를 대비해 구체적, 지속적 활동을 할 수 있는 기간은 1년도 채 되지 않는 셈이다. 이처럼 짧은 기간에 내실 있는 활 동을 하기란 어려울 수밖에 없다.

고등학교 입학 전, 중학교 3학년 때 서류종합평가 준비를 위한 방향 설정을 한다면 매우 이상적이다. 적어도 1년 반에서 2년 정도 충분한 시간을 두고 차근차근 준비할 수 있고, 그래야만 고3 때에는 수능과 논술에 집중할 수 있다.

서류종합평가를 준비하는 학생에게 수능이나 논술 준비가 왜 필요한지 의아할 수 있다. 답은 간단하다. 대입은 도박이 아니기 때문에 '올인' 전략은 절대 안 된다. 서류종합평가만을 준비하고 수능이나 논술을 버린다는 것은 모험이고 도박이다. 아무리 준비를 충실히 했다고 해도 합격이 보장되는 대입 전형은 존재하지 않는다. 여전히 대입의 관건이 되는 수능준비와 수시모집에서 가장 많은 인원을 선발하는 논술 전형을 함께 염두에 두고 있지 않으면 자칫 모든 것을 잃게 되는 결과를 가져올 수 있다.

중학교 3학년부터 중장기적 준비를 하라는 이야기가 중학생 때부터 학업과 전공역량을 쌓는 활동을 개시하라는 의미는 아니다. 현재 수시모집 입학사정관 종합평가는 고등학교 재학 중에 수행한 활동만으로 평가하기 때문이다. 하지만 중학생 때 경험한 다양한 체험과 탐색은 중장기 전략을 수립하는 데에 큰 도움이 된다. 중학생은 아직 어리기 때문에 부모의 역할이 중요하다. 다양한 문화적, 학문적 체험의 기회를 제공할 수 있다. 예를 들어 여행은 사회와 문화에 대한 구체적인 관심을 불러일으키는 좋은 계기다.

우리 땅의 모든 곳이 관심 형성의 기회다

자녀가 글로벌 리더가 되기를 바라는 학부모들은 해외여행을 생각하기 쉽다. 하지만 우리나라 우리 땅에서 먼저 관심의 동기를 찾는 것이 더 낫다. 사실 중학교 때 배운 사회과 내용만 잘 기억하고 있어도 한국의 지리와 역사, 사회에 대해 상당한 수준의 지식이 있는 셈이다. 우리나라 곳곳에서 전공에 대한 관심의 단초를 찾는 것이 잘 모르는 해외에서 두리번거리는 것보다 더 수월할 것이다.

가령 지리에 관심이 있는 학생들은 각 도시의 기능과 특성들을 떠올리면서 지역에 독특하게 나타나는 경제 현상을 이해하는 것이 가능하다. 순천만이나 새만금 지역을 보면서 개발과 환경의 문제에 대해 고민해볼 수도 있고, 통일전망대에서 분단과 통일의 문제를 생각할 기회도 얻을 수 있다. 전국 각지에 있는 문화유산은 어떤가? 역사와 문화, 예술에 대한 관심을 불러일으킬 수 있는 계기로 문화유산만 한 것이 없다.

인터넷을 검색해보면 지역의 역사와 문화를 다룬 흥미로운 책이 많이 있다. 서울 학생이라면 서울을 답사하면서 여러 학자들이 해설한 재미있는 내용을 찾기 쉬울 것이다. 책을 읽으면서 알게 된 내용을 바탕으로 돌아보는 가운데 학생 스스로 관심사를 정하고 진로를 탐색해본다면 자기주도성도 함께 키울 수 있는 계기가 될 것이다.

자기소개서 항목으로 전략의 기초를 잡자

자기소개서는 학생부와 함께 학생의 학업과 전공역량, 잠재력, 인성 등을 종합적으로 고려할 수 있는 근거 자료다. 따라서 자기소개서의 항목들을 보면 대학이 어떤 기준으로 평가하는지를 확인할 수 있다.

학생들은 고등학교 재학 기간에 자기소개서의 질문에 대한 '답'을 만들어가야 한다. 다행히 대학들이 요구하는 자기소개서의 질문은 대동소이하다. 대학별로 따로 준비할 필요는 없다는 뜻이다. 서울대와 연세대, 고려대를 중심으로 상위권 대학이 요구하는 자기소개서의 양식을 함께 살펴보면서 핵심 질문을 정리해보자.

① **전공 적합성** : 전공 선택동기와 관심의 발전과정, 미래의 비전을 묻는다.

〔**서울대 문항4**〕 다음 중 하나의 주제를 선택하여 구체적으로 기술하여주십시오.
– 서울대학교 학생으로서의 사회적 기여와 책임

〔**연세대 문항2**〕 고등학교 재학 중 진로선택을 위해 노력한 과정을 바탕으로 지원학과 선택의 계기를 설명하고, 연세대학교 입학 후 자신의 진로를 발전시키기 위한 계

획을 기술하여주십시오.

〔**고려대 문항3**〕 지원 동기와 지원 분야의 진로 계획을 위해 어떤 노력과 준비를 해왔는지 기술하고, 본인에게 가장 의미 있었다고 생각되는 교내 활동을 기술하세요. 단, 교외 활동 중 학교장의 허락을 받고 참여한 활동은 포함됩니다.

〔**고려대 문항4**〕 대학 입학 후 학업계획과 향후 진로계획에 대해 기술하세요

전공을 선택한 구체적 계기를 제시할 수 있어야 한다. 그리고 그 관심이 어떻게 구체적이고 지속적으로 발전해왔는지를 보여줘야 한다. 마지막으로 그 연장선에서 대학에서 어떻게 공부하여 자신의 비전을 성취할 것인지를 제시해야 한다.

전공 적합성을 제시하는 자기소개서 문항에 대한 답은 기승전결(起承轉結)의 구도로 이루어져야 한다. 전공에 대한 관심과 흥미가 일어나는 과정을 기(起)라고 할 수 있으며, 전공에 대한 관심과 흥미를 발전시켜서 역량을 쌓아가는 과정을 승(承)과 전(轉)이라 할 수 있다. 그리고 미래에 대한 비전을 확실히 하고 대학에서 어떻게 공부할 것인지 밝히는 것이 결(結)이다.

② **학내외 활동** : 학업과 전공 관련 역량 쌓기의 노력을 묻는다.

〔**서울대 문항1**〕 고등학교 재학 기간 또는 최근 3년간 지적 호기심을 가지고 학업능력을 향상시키기 위해 노력한 내용을 기술하여주십시오.

〔**서울대 문항2**〕 고등학교 재학 기간 또는 최근 3년간 학내외 활동 중 가장 의미가 있다고 생각하는 활동을 3개 이내로 기술하여주십시오.

〔**서울대 문항3**〕 고등학교 재학 기간 또는 최근 3년간 읽었던 책 중 자신에게 가장 큰

> 영향을 준 책을 3권 이내로 기술하여주십시오.
>
> **[연세대 문항1]** 고등학교 재학 중(검정고시 합격자는 합격일로부터 과거 3년 이내) 특기자로서 본인의 역량을 가장 잘 나타내는 성취를 중요하다고 생각하는 순서대로 최대 3개까지 작성하여주십시오. 또한 각각의 특기역량에 대해서 경험적 사례를 들어 성취 과정 및 의미를 기술하여주십시오.
>
> **[고려대 문항3]** 지원 동기와 지원 분야의 진로 계획을 위해 어떤 노력과 준비를 해왔는지 기술하고, 본인에게 가장 의미 있었다고 생각되는 교내 활동을 기술하세요. 단, 교외 활동 중 학교장의 허락을 받고 참여한 활동은 포함됩니다.

학내외 활동은 학생의 구체적인 노력의 과정을 평가하기 위한 질문이다. 특히 서울대는 총 3개의 문항에 걸쳐 구체적인 활동상을 보여줄 것을 요구하고 있다. 학업역량 강화를 위한 활동이나 독서활동을 묻는 질문의 경우 학생이 대학에서 필요한 학업역량의 준비를 위해 자기주도적인 노력을 얼마나 했는지에 대해 묻는 것이다. 이와 함께 학업이나 전공과 직결되지 않더라도 학내외에서 학생이 자신의 역량 발전을 이룰 수 있도록 어떤 활동을 했는지도 평가의 대상이 되고 있다. 연세대와 고려대는 학내외 활동에 대한 질문을 하나의 문항에서 통합적으로 제시하고 있다.

여기서 절대 오해하지 말아야 할 것이 바로 '의미 있는 활동'이라는 표현이다. 순수하게 자신에게 의미 있고 감명 깊었던 개인적인 경험을 제시한다면 우수한 평가를 받기 어렵다. 특히 개인적인 감상을 나열하는 것은 무의미하다. '의미 있는 활동'은 자신을 성장시키고 발전시킨 활동이라는 뜻을 담고 있다. 대학이 학문의 전당이라는 사실을 고려할 때 학업 노력이나 전공 관련 활동이 최우선이다. 대학에서의 학업 성취, 사회적 성취를 뒷받침할 수 있는 역량들, 가령 성실성, 끈기, 도전정신, 리더십, 협동성, 인화력, 봉사정신 등을 발전시킨 활동이 될 것이다. 학생회 활동, 동아리나 봉사활동 등이 포함된다.

③ **잠재력과 인성** : 학업, 전공과 직결되지 않지만 반드시 연관되는 개인적 특성을 묻는다.

〔**서울대 문항4**〕 다음 중 하나의 주제를 선택하여 구체적으로 기술하여주십시오.

- 고등학교 시절 겪었던 어려움과 그것을 극복하기 위한 노력

- 서울대학교 학생으로서의 사회적 기여와 책임

- 기타(자유롭게 주제를 정하여 기술)

〔**연세대 문항4**〕 다음 두 질문 중 하나를 선택하여 ○ 안에 ∨표를 한 후 작성하여주십시오.

- 지원자의 개인적 환경(가정, 학교, 지역, 국가 등)에 대해 설명하고, 그 환경적 특성이 지원자 자신의 삶에 미친 영향을 경험적 사례를 들어 구체적으로 기술하여주십시오.

- 지원자의 삶에서 경험했던 가장 큰 위기와 좌절 상황이 무엇이었는지 설명하고, 그것을 극복하는 과정에서 새롭게 발견한 자신의 가치에 대해 경험적 사례를 들어 구체적으로 기술하여주십시오.

〔**고려대 문항2**〕 학교 생활 중 배려, 나눔, 협력, 갈등 관리, 리더십 발휘 등을 실천한 사례를 들고 그 과정을 통해 배우고 느낀 점을 구체적으로 기술하세요.

〔**고려대 문항1**〕 자신의 성장과정과 환경이 자신의 삶에 미친 영향에 대해 기술하세요.

학생 개인의 장점이나 단점, 특성과 같이 다소 포괄적인 질문에서부터 역경을 극복한 경험이나 학생에게 영향을 준 성장과정과 가정환경을 묻는

질문이 있다. 이 질문들이 순수하게 학생 개인의 인간적인 면모를 파악하기 위한 것이라고 보면 안 된다. 자신이 성실하고 끈기 있고 리더십을 갖추었으며 협동과 봉사정신으로 무장했다고 주장하는 학생들이 대부분인데 이들을 평가하는 것은 불가능하다.

결국 여기서도 구체적인 활동이 필요하다. 자신의 단점이 무엇인지 정확히 알고 있고, 이를 극복하기 위해 노력한 과정이 평가대상이 된다.

역경 극복 경험을 묻는 질문은 대학의 의도를 가장 잘 보여준다. 학생의 성실성, 끈기, 도전정신, 협동성 등을 파악할 수 있는 평가방식이다. 학생들은 대학에 가면 공부에 대한 압박에서 벗어나 마냥 즐거울 것이라고 생각하지만 사실 높은 학문적 성취와 사회적 성취를 위해서는 더 많은 노력이 요구된다. 게다가 인생을 스스로 결정해야 하는 성인으로서 수많은 역경을 이기고 자신의 목표를 달성해야 하는 것이 대학생활이다.

그렇다면 자신의 주력 활동 속에서 만난 역경을 극복한, 구체적인 과정을 제시해야만 좋은 평가를 받을 수 있을 것이다.

성장과정이나 가정환경을 묻는 질문은 가정 형편이 어려운 학생들만 쓸 수 있는 항목이라고 생각하는데 그렇지 않다. 오히려 전문직에 종사하는 부모님의 영향으로 해당분야에 대해 어려서부터 관심을 가지고 다양한 체험을 했다는 점을 강조한다면 우수한 평가를 받을 수 있다. 정작 중요한 것은 자신의 성장과정과 가정환경, 혹은 그러한 환경을 극복하는 과정이 학업적 성취와 사회적 성취를 위한 밑거름으로 어떻게 작용했는지 밝히는 것이다.

지금까지 대학에서 요구하는 자기소개서 질문 항목을 검토해보았다. 결국 핵심은 '역량 쌓기'다. 구체적이고 지속적인 활동을 통해서만 전공 적합성은 물론 잠재력과 인성, 소양을 보여줄 수 있다. 실제로 풍부한 활동이 있어야만 충실한 답을 할 수 있다. 억지로 만들어낸 활동은 그 내용의 부실만큼 부실한 평가를 부를 뿐이다.

실제 학생들에게 주어진 시간은 2년 남짓으로 길지 않다. 이 기간에 좌충우돌할 여유는 없다. 2년 동안 어떤 활동을 할 것인지 결정하는 일, 이것이 바로 입학사정관 서류종합평가 준비전략이다.

전략 1.
전략적인 진로 관리

'역량 쌓기' 활동을 구상하고 배치하기 이전에 선행해야 할 과제가 있다. 바로 전공의 선택, 즉 진로 선택이다. 선택한 전공과 진로에 따라서 필요한 역량이 무엇인지, 어떤 활동이 필요한지에 대한 전략을 수립할 수 있다.

'전략적인 진로 관리'라는 말 자체를 이해하기 어려울 수도 있다. 학생이 관심을 가지고 있는 분야, 혹은 장래 희망에 부합하는 것을 고르는 게 전공 선택인데 왜 진로를 전략적으로 관리하라는 걸까. 게다가 이미 중학교 시절부터 진로와 전공 선택이 명확한 경우 '전략적 진로 관리'라는 것이 이질적으로 느껴질 수 있다.

이 개념은 현재 고등학생에 대한 이해와 한국의 입시 현실에 대한 이해로부터 나온 것이다. 진로와 전공 선택을 놓고 진지하게 고민하는 학생은 많지 않다. 주로 부모님의 권유로 특정 분야를 지망하는 것이 당연한 일처럼 받아들여진다. 사실 고등학생이 진로나 전공을 명확하게 선택하고 인생 계획을 세우는 것은 불가능할지도 모른다. 하지만 진로를 정하지 못한 학생이 구체적이고 지속적인 활동을 할 수는 없다. 몇 가지 관심 분야는 있으나 딱히 무엇을 할지 결정하지 못했기 때문에 역량 쌓기 활동을 포기하는 일도

비일비재하다. 그렇지 않으면 차일피일 미루다가 제대로 된 활동 하나 없이 고3이 되는 경우도 많다. "이런 학생들에게 필요한 것은 무엇일까" 하는 질문에서 전략적인 진로 관리에 대한 고민을 시작했다.

게다가 우리나라 입시 현실에서 자신이 목표로 한 전공을 선택하기는 쉽지 않다. 현재는 인터넷 원서접수를 하다 보니 사라진 풍경이지만 과거 입시에서는 각 대학의 원서접수처에 온 가족이 출동해서 학과별 경쟁률을 보면서 원서를 바꾸는 눈치작전이 벌어지곤 했다. 성적이 따라주지 않아 하향 지원이 불가피한 것은 예전이나 지금이나 다르지 않다.

문제가 되는 것은 인기학과의 선택이 너무나 분명한 학생들이다. 오직 경영을 목표로 삼고 경영 관련 활동을 충실하게 한 학생은 물론 훌륭한 학생이다. 그러나 원서접수를 해야 하는 시점에서는 고민에 빠질 수밖에 없다. 교과성적이 더 좋고 활동 내용이 충실한 학생들도 경영학과를 지원하는 상황에서 경영학과 지원을 밀어붙이기는 어렵다. 선생님과 상담을 하니 인문학계열로 지원하라고 하는데 고등학교 생활 내내 오직 경영학과 관련된 활동만 해온 학생이 과연 인문학계열을 지원해서 합격할 수 있을까? 실제로 우수한 역량을 지닌 많은 학생이 최종 원서접수 과정에서 자신의 고등학교 생활과 상이한 전공을 선택하고 부실한 서류를 제출한 결과 탈락의 고배를 마시고 있다.

지나치게 분명한 진로가 입시를 망칠 수 있다.

물론 교육 당국과 대학의 입장에서는 다른 대학의 경영학과를 지원하면 되지 않겠냐고 조언할 것이다. 사실 입학사정관 서류종합평가방식이 도입된 것은 학생들이 대학이 아닌 전공 학과를 선택하게 함으로써 대학서열화를 약화시키려는 의도도 있다.

그러나 학생과 학부모의 입장은 다르다. 원하는 전공은 아니지만 다른 전공을 선택하고서도 향후 자신이 원하는 분야로 진출할 수 있기 때문에 일단은 좋은 대학을 갔으면 하는 생각이다. 바로 이런 학생과 학부모의 생각에 근거하여 보다 전략적으로 진로를 선택할 수 있는 방법을 구상해보고자 했다.

양 날개 전략: 전략적 진로 관리의 기본 개념

전략적 진로 관리는 '양 날개 전략'이라고 생각하면 된다. 만일 인기학과 전공에 대한 관심이 있다면 이와 함께 비인기학과에 속하는 전공에 대한 탐구와 활동도 병행하는 것이다. 물론 비인기학과 전공이 학생 자신의 관심사와 완전 무관한 것이면 곤란하다. 관심이 있는 경영, 경제, 외교, 행정, 언론 등 인기학과와 함께 어느 정도 흥미가 있는 비인기학과 전공을 병행 추구하는 방식이 전략적 진로 관리다.

자칫 두 가지 이상의 관심 분야를 함께 하다 보면 둘 중 하나도 제대로 하지 못하는 최악의 결과가 나오지 않을까 걱정을 할 수도 있다. 만일 두 가지 관심 전공이 전혀 무관한 것이라면 최악의 상황이 발생할 것이다. 그러나 두 가지 관심 전공이 하나로 종합될 수 있는 연관성을 가지고 있다면 양 날개 전략을 통해 시너지 효과를 얻을 수 있을 것이다. 즉 둘 다 노리면서 모두를 더 잘할 수 있다는 것이다. 날개가 양쪽에 균형을 잡고 있어야 날아오를 수 있듯이 양 날개 전략을 통해 보다 성공적인 입시 준비가 가능하다.

그래서 양 날개 전략에는 서로 결합하는 전공진로를 선택하는 일이 매우 중요하다. 일단 학생이 주로 관심을 갖는 전공을 주전공이라고 하자. 그리고 관심이 있는 또 다른 전공을 부전공이라고 해보자.

이때 부전공은 인문학으로 하는 것이 매우 효과적이다. 문학, 역사, 철학으로 대표되는 인문학은 문화와 예술 분야를 포괄하는 학문 분야다. 인간과 인간 행위의 본질을 탐구하는 인문학은 자연과학과 같은 기초학문이다. 따라서 모든 실용학문에는 인문학적 기초가 확고히 자리를 잡고 있으며, 인문학적 소양이 곧 다른 학문에서 성취를 높일 수 있는 근간이 된다. 최근 기업 경영과 정·관계에서 인문학적 성찰이나 인문학적 소양을 중요하게 여기는 것은 경영, 경제, 정치, 외교, 법률 등의 실용학문 분야에서도 그 토대가 되는 것은 인문학이라는 인식이 다시 확산되었기 때문이다. 마찬가지로 대입 서류종합평가를 준비하는 학생들에게도 인문학적 소양은 매우 중요하다. 문학, 역사, 철학, 예술에 대한 소양은 학생의 자발적인 노력과 관심이 없다면 길러지기 어려운 역량이다. 게다가 전문적인 실용학문의 여러 영역과 달리 고등학생 수준에서 폭넓게 접근하기 쉬운 분야가 바로 인문학이다. 이러한 인문학적 역량을 바탕으로 자신의 주전공 분야에 대한 활동을 구상한다면 보다 구체적이고 진실성 있는 활동이 이루어질 수 있다.

또한 부전공은 주전공과 관련된 학문 분야가 될 수도 있다. 우리나라 대학의 학과들은 사실 굳이 분리할 이유가 없는데도 따로 있는 경우가 많다. 특히 서울대의 정치학과와 외교학과의 경우 국제정치학이 정치학의 하위 분과임에도 별개의 학과로 유지된 적이 있었다. 이처럼 하위 분과 학문이 독립된 학과로 나누어져 있는 경우 부전공을 관련된 분과 학문 전공으로 선택하는 것이 합리적인 전략이다. 가령 경제학과를 주전공으로 삼는 학생은 부전공으로 농경제사회학과를 노려볼 수 있다. 또는 경영학에 관심이 있는 학생은 부전공으로 소비자학을 정한다면 경영학과와 소비자아동학과를 동시에 노려볼 수 있다. 긴밀한 연관성이 있는 경우에도 주전공과 부전공 간의 시너지를 일으킬 수 있다. 예를 들어 경영학과 심리학, 소비자아동학은 소비자의 구매 결정 과정에 대한 이해와 마케팅 전략의 수립이 상호 연관되기 때문에 양 날개 전략에 매우 적합한 전공들이다. 행정학과를 주전공으로 선택한 학생이라면 지리학과나 사회학과를 부전공으로 노려볼 수 있으며 이를 통해 보다 깊이 있는 전공 탐색과 역량 쌓기를 할 수 있다.

이처럼 주전공과 부전공의 양 날개 전략은 전공진로 선택을 보다 유연하게 하는 방식이다. 전공을 명확하게 정하지 못하는 학생에게 2~3가지 정도의 선택지를 동시에 추구할 수 있게 함으로써 최종 선택 이전에도 충실한 역량 쌓기를 가능하게 할 수 있다.

양 날개 전략은 동시에 학생의 활동을 보다 구체적이고 진실성 있게 만들어주는 준비 방식이다. 현대 학문은 다른 학문과의 연계와 융합을 주된 트렌드로 하고 있다. 따라서 하나의 전공진로만으로 활동을 구성한 학생과 연관되는 다른 전공 분야를 탐구하면서 활동을 구성한 학생 사이에서 후자가 더 좋은 평가를 받을 가능성이 크다. 이미 대학이 원하는 학문 간 융합이 가능한 인재로 평가받을 수 있기 때문이다.

학문 간 융합을 강조하는 흐름은 자유전공학부에서 잘 드러난다. 최근 몇 개 대학이 자유전공학부를 폐지하고 있지만 여전히 서울대, 고려대, 이화여대에서는 자유전공학부가 대학의 교육 목표에서 차지하는 비중이 상당히 크다. 자유전공학부는 하나의 학문 분야에 얽매이지 않고 다양한 학문을 융합하여 연구하는 것을 목표로 삼고 있다. 따라서 양 날개 전략으로 두 가지 이상의 전공진로를 결합하여 역량을 쌓은 학생들이 자유전공학부에 지원했을 때 우수한 평가를 받을 수 있다. 자유전공학부와 유사하게 대학에서 육성하고자 힘을 기울이고 있는 국제학부 또한 전공 융합을 중시하는 모집단위다. 특별히 개별 전공을 정해놓지 않은 가운데 학생의 전공 분야를 국제적인 시야에서 탐구할 수 있도록 하고 다양한 학문 간의 융합을 추구하는 국제학부의 경우에도 양 날개 전략으로 충실한 역량 쌓기를 한 학생들이 유리하다.

⬆ 날개 전략은 꼼수가 아니라 시대의 트랜드.

아예 비인기학과를 주전공으로 정했는데 이 경우에도 양 날개 전략이 필요한지 궁금한 사람도 있을 것이다. 역사를 좋아하는 학생이 국사학과를 전공진로로 선택했다고 가정해보자. 이 경우 양 날개 전략은 하향지원에 대비하기 위한 것이 아니라 자신의 역량 쌓기 활동을 한 차원 업그레이드 하는 차원에서 필요한 것이다. 역사를 이해하는 과정에서 한국 철학의 흐름을 이해하는 일은 매우 흥미로운 결과를 낳을 수 있다. 혹은 근현대사를 연구하면서 일본 근대 정치사를 공부해본다면 매력적인 학업역량을 갖추게 될 것이다.

이처럼 양 날개 전략은 유연한 대응을 위한 전략인 동시에 차별화된 서류 준비를 하기 위한 전략이다.

탁월한 학문적 성취는 학문간 융합과 통섭에서 온다

여러 학문이 하나로 결합되는 융합과 여러 학문 간의 끊임없는 교류와 소통을 의미하는 통섭은 현대 학계의 가장 큰 화두다. 미래 학문의 발전 방향은 학문 간 융합과 통섭에서 찾을 수 있으며, 현재 사회가 원하는 것이 창의적인 학문 간의 융합과 통섭이다. 오늘날에 갑자기 학문 간의 융합과 통섭이 필요해졌다고 보기는 어렵다. 소위 학문의 '대가'로 불리는 위대한 학문적 성취는 모두 학문 간의 융합과 통섭의 결과이기 때문이다.

'보이지 않는 손'이라는 표현으로 유명한 아담 스미스는 자본주의 시장 경제를 설명하는 이론을 제시했다는 점에서 흔히 경제학자로 알려져 있지만 사실은 원래 도덕철학자였다. 스미스의 이론을 가장 잘 드러내는 저작은 '국부론'이 아니라 '도덕감정론'이라는 도덕 철학에 대한 책이다. 사실 스미스가 세운 근대 정치경제학의 뿌리는 도덕철학에 대한 그의 사상에서 출발했다. 아담 스미스도 철학과 경제학이라는 양 날개를 바탕으로 뛰어난 학문적 업적을 달성했다고 할 수 있다.

우리 역사에도 융합적인 지식인의 사례는 많다. 정약용은 서양으로부터 전래한 자연과학에 대해 관심을 가지고 유학을 연구하면서 자신만의 경세학을 탄생시켰다. 또한 그가 보여준 문학과 예술에 대한 업적은 자신의 세계관과 철학을 승화시킨 걸작들이다. 정약용은 다방면에 걸친 지식과 소양이 결합하면서 위대한 학자이자 사상가로 자리매김할 수 있었다.

중앙대의 입학사정관전형 명칭은 '다빈치형인재 전형'이다. 레오나르도 다빈치야말로 수많은 날개로 위대한 업적을 남겼던 지식인이다. 초보적인 학문 탐구를 시도해보는 고등학생들도 여러 전공을 결합하고 상호 연관시켜보는 가운데 융합적 지식인으로서 스스로를 발전시켜 나갈 수 있을 것이다. 대학은 바로 그런 인재에게 높은 평가를 한다.

양 날개 전략의 실행: 전공 조합의 실례

학문 간의 상호 연관은 실로 다양하게 나올 수 있다. 이 장에서는 몇 가지 유형으로 상호 연관성이 깊은 전공진로를 제시하고자 한다.

여기서 제시하는 전공 조합은 서울대의 전공 학과 구성을 기준으로 했음을 밝힌다. 서울대의 전공 학과가 사실상 상위권 대학 대부분의 전공 학과를 망라하고 있기 때문이다. 여기서 빠진 것이 행정학 혹은 정책학 분야다. 행정학과나 정책학과의 경우 서울대에서는 학부에 개설되지 않은 전공이지만 상위권 대학의 인기학과 중 하나다.

행정학과 정책학은 정치학, 경제학, 사회학, 경영학 등이 복합적으로 관련되는 실용학문으로서 사회과학 전반에 기초를 두고 있다. 따라서 행정학과와 정책학과를 전공진로로 염두에 둔 학생들은 정치학이나 경제학, 사회학에 대한 학업 및 전공역량 강화에 초점을 두는 것이 합당하다. 특히 서울대를 목표로 하는 학생에게는 행정학과 정책학이라는 전공 명칭에 집착하지 않고 사회과학 분야 내에서 국가 정책과 행정에 관심을 기울이는 방식이 보다 전략적인 접근법이 될 것이다.

서울대는 국제학부 전공을 따로 두지 않지만 국제학부란 자유전공학부와 일맥상통하므로 전공 조합에 포함시키지는 않았다.

조합① 경영/경제/정외 및 사회과학 전반 + 어문학

가장 인기가 많은 전공인 경영, 경제, 외교를 지망하는 학생들은 반드시 한 가지 정도의 어문학에 관심을 가지고 역량 쌓기 활동을 할 필요가 있다. 이 간단한 조합을 통해 주전공이 되는 경영, 경제, 외교분야에서 다른 학생과는 차별적인 활동을 구상할 수 있으며, 필요할 경우 하향지원으로 해당 어문학 전공을 선택할 수도 있다. 만일 경영, 경제, 외교 분야에 대한 비전이 명확하다면 어문학계열로 대학에 입학하여 복수전공, 전과, 대학원 진학 등 다양한 방식으로 자신의 비전을 실현할 수 있다. 그 과정에서 어문학에 대한 전공은 비전을 성취하는 데에 큰 도움을 줄 수 있을 것이다.

어문학은 어학을 포함하지만 어학과 같은 것은 아니다. 해당 외국어를 능숙하게 구사할 수 있는 능력을 의미하는 어학은 어문학의 필수 요소이긴 하지만 어문학은 여기에 그치지 않고 해당 언어로 쓰인 문학 작품을 통해서 언어권 지역과 국가의 문화와 역사를 폭넓게 이해하는 학문이다. 어학만 열심히 해도 훌륭한 역량을 갖춘 것이다. 하지만 조금만 더 관심을 갖고 언어권의 문화나 역사, 사람들의 삶을 탐구해본다면 이보다 더 좋은 역량 쌓기가 없을 것이다.

어문학은 어학+문학, 어학 점수를 넘어 문학을 통한 역량 쌓기가 필요.

이때 어문학의 선택은 주로 자신이 학교에서 배우거나 선택한 제2외국어에서 출발하는 것이 좋다. 학교 공부에 충실한 가운데 자기주도적인 학습을 통해서 실력을 키우는 것이 서류종합평가에서 가장 이상적인 역량 쌓기 방식이기 때문이다. 가령 기업 경영을 하거나 경영 분야 전문가가 되는 것을 주된 비전으로 삼고 있는 학생이 학교에서 중국어를 배웠다면 중어중문학에도 관심을 갖고 역량 쌓기 활동을 할 수 있다. 중문학을 통해 중국인의 정서와 문화를 심층적으로 이해하는 지적인 활동이 이루어진다면 이 학생은 세계경제의 중심으로 떠오른 중국을 무대로 한 기업 경영, 혹은 중국에 정통한 기업 경영 전문가, 중국 전문 컨설턴트와 같이 보다 구체적인 비전 제시를 할 수 있다. 이때 학생의 비전은 구체적이고 지속적인 활동을 근거로 한 것이기 때문에 그 진실성 면에서 높은 평가를 받을 수 있다. 뿐만 아니라 중국의 사회와 문화를 이해하기 위한 독서를 바탕으로 연구활동을 진행한다면 경영학과와 중어중문학과 모두에서 좋은 평가를 받을 것이다. 특히 경영학과에서는 글로벌 마인드를 갖춘 경영 분야 인재로 평가할 것이다.

또 경제학에 관심을 가진 학생이 베트남 여행을 계기로 베트남어와 베트남 사회 문화에 대해 탐구를 했다면 매우 훌륭한 역량 쌓기 활동을 수행한 것이다. 경제학에 대한 관심과 베트남 사회와 문화에 대한 관심이 상호 결합하면 베트남의 사회주의 계획 경제가 시장 경제를 받아들이는 과정에서 나타나는 현상이나 문제점을 자신의 연구 주제로 삼을 수 있을 것이다. 이와 같은 연구는 통일 한국이 직면하게 되는 북한의 경제체제 개혁에 대해서도 중요한 시사점을 제공할 수 있다. 이 정도의 문제의식을 가졌다면 누가 봐도 경제학에 대한 진지한 탐구 정신을 가지고 역량을 쌓아온 학생이라고 인정할 수 있다. 뿐만 아니라 하향지원을 해야 하는 경우라도 서울대의 아시아

언어문명학부와 같이 베트남을 포함한 아시아 전반을 전공 영역으로 다루는 학과에서 매우 우수한 글로벌 인재로서 평가받을 수 있다. 연세대의 언더우드 학부나 융합사회과학부 등에서도 우수한 학생으로 평가받을 수 있다.

정치외교학과를 주된 전공진로로 생각하고 있는 학생도 마찬가지다. 우연히 읽게 된 아프리카 작가들의 문학 선집을 통해 아프리카 사회와 문화에 대해 관심을 가지게 되었다면 상당히 차별화된 관심 영역을 설정한 것이다. 고등학생이 스와힐리어와 같은 아프리카 언어를 공부하는 것은 다소 무리이므로 어학은 어렵다고 하더라도 아프리카 문학에 관심을 갖는다면 다양한 작품들을 만날 수 있을 것이다. 이를 바탕으로 아프리카 사회와 문화에 대한 이해를 높이면서 국제정치학 이론과 연결시켜본다면 훌륭한 전공역량 쌓기다. 국제사회의 핵심 의제인 빈곤국 개발과 빈곤 퇴치에 대해 아프리카 사람들의 삶과 문화에 근거해서 나름의 방안을 구상해볼 수 있다. 만일 이와 같은 주제를 가지고 독서와 연구활동을 수행했다면 누가 봐도 우수한 글로벌 역량을 갖춘 학생이라고 평가받을 수 있다. 막연하게 외교 전문가가 되겠다거나 국제사회에 기여하겠다거나, 한국의 위상을 높이겠다는 선언만 되풀이하는 학생과 비교한다면 훨씬 매력적일 것이다. 또한 정치외교학과뿐 아니라 인류학과나 자유전공학부에서도 우수한 학생으로 평가받을 수 있다.

> 동남아시아, 아프리카 등 낯선 언어와 문학에 대한 진지한 관심은 매력 포인트.

어문학에 대한 관심은 학생이 지닌 역량과 비전에 '글로벌'이라는 수식어를 붙여줄 수 있는 매우 좋은 기회를 제공한다. 영어영문학은 말할 필요도 없고, 불어불문, 독어독문에 관심을 가지고 역량을 쌓아온 학생은 EU 관련 글로벌 인재로 인정받을 수 있다. 러시아와 남미가 지니는 미래적 가치를 따진다면 노어노문학과 서어서문학에 관심을 갖는 것 또한 글로벌 인재로 인정받을 수 있는 길이다. 특히 서울대에 아시아언어문명학부가 개설된 이후로는 일본, 동남아시아, 인도, 서아시아(중동)에 관심을 갖는 것도 추천할 만하다. 이 지역은 아직까지 한국에 전문연구자가 많이 없는 분야이기 때문에 자신의 주전공과 이 지역에 대한 관심을 결합한다면 독창적인 전공 진로를 구상할 수 있을 것이다. 게다가 외국어고등학교에도 동남아, 인도, 중동에 대한 전공은 거의 없어 이 지역 언어와 문학, 사회, 문화에 관심을 갖는다면 높은 평가를 받을 수 있다.

주로 경영, 경제, 정외과를 사례로 들었지만 어문학과 결합할 수 있는 주전공의 폭은 상당히 넓다. 인류학은 모든 어문학계열과 궁합이 잘 맞는데 특히 아시아, 아프리카, 남미 등 제3세계 어문학에 역량을 쌓는다면 충실하고 독창적인 활동을 펼쳐 나갈 수 있다. 또한 사회학과 지리학의 경우도 다른 지역과 국가의 사회와 문화에 대한 관심을 필수적으로 요구하는 학문 분야다. 심리학은 인간 행위의 본질을 담고 있는 문학을 통해 수많은 탐구 주제를 도출할 수 있는 학문 영역이므로 모든 어문학과 연관이 깊다. 언론학 역시 어문학과 잘 어울린다.

조합② 경영/경제/정외 및 사회과학 전반 + 역사/철학

역사에 관심이 많아 다양한 독서로 지적 욕구를 충족시키는 학생들이 있다. 드물긴 하지만 사상에 관심을 갖고 동서양의 여러 철학을 공부하면서 지적 갈증을 채우는 학생도 있다.

그러나 이 학생들이 역사나 철학을 전공으로 선택하지 않을 경우에는 그 훌륭한 지적 탐구의 과정을 제대로 활용하지 못하게 된다. 대부분 자신이 선택하는 전공진로와 역사, 철학에 대한 관심이 일관성 있게 연결되지 못하기 때문이다. 그저 좋아서 공부하는 역사, 철학 분야이기 때문에 다양한 책을 읽기만 했을 뿐 어떻게 다른 전공진로와 연계시킬 수 있는지 고민이 없었던 것이다. 기왕 역사와 철학 분야를 좋아한다면 일관성 있는 독서와 지적 탐구를 통해 역량 쌓기를 할 수 있을 것이다.

연계가 어려울 것 같은 경영학과 역사, 철학의 연계는 상당한 시너지를 만들어낼 수 있다. 경영학에서 중요시하는 영역인 조직의 문제, 리더십의 문제를 비롯해 혁신적인 경영 전략의 문제, 커뮤니케이션의 문제는 역사와 철학 속에서 그 답을 찾아볼 수 있는 경우가 많다. 만일 학생이 우리 민족의 역사 속에서 뛰어난 리더십을 실천한 리더들의 사례에 주목하여 경영학의 조직 이론, 리더십 이론들과 접목시켜본다면 매력적인 주제를 가지고 탐구활동을 전개했다고 할 수 있다. 또는 기업 구성원 간의 의사소통은 물론 기업과 소비자 간의 의사소통 문제의 경우 역사는 물론 동양사상에 대한 탐구와 접목될 수 있는 주제가 될 수 있다. 덕을 바탕으로 백성을 교화하고 도덕적 실천을 하도록 했던 유가사상을 현대 기업 조직의 인사 관리 이론과 접목시켜 탐구한 학생이라면 지적인 소양과 탐구 정신에서 높은 평가를 받을 수 있을 것이다. 뿐만 아니라 기업과 소비자 간의 커뮤니케이션을 원활히 하는 방법에 대해서도 동양사상에 대한 탐구 속에서 창의적인 탐구활동을 전개하여 서류종합평가에서 우수한 평가를 받을 수 있을 것이다.

　경제학 전공진로를 생각하는 학생이라면 역사학과 연계한 활동을 구상해보는 것이 좋다. 국사에 관심이 많은 경우 조선 후기에 나타난 근대적인 변화를 경제학적인 관점에서 분석해봄으로써 경제학과 역사를 동시에 탐구하는 활동을 할 수 있다. 가령 경제정책을 둘러싼 조선 후기 붕당 간의 대립 구도에 대해 살펴본다거나 화폐 주조를 둘러싼 논쟁이나 광산, 염전 등 수익사업의 소유 구조를 살펴보는 등의 활동은 모두 역사에 관심을 가진 고등학생이 할 수 있는 훌륭한 경제학 관련 탐구활동이다. 서양역사의 흐름은 곧 경제적 변화의 역사로 이해할 수 있는 좋은 연구 주제가 된다. 이 경우에도 서양사 전반이 아닌 구체적인 역사적 상황에 대해 경제적인 변화를 탐구해보는 활동이 유의미할 수 있다. 가령 프랑스혁명기 유럽의 경제 구조에 대한 비교를 수행해본다거나 이 시기에 나타난 혁명 세력의 경제정책에 관련한 입장을 비교해보는 등의 활동도 우수한 평가를 받을 수 있는 활동이다.

경영학과 동양사상의 연관성, 색다른 발상이 필요하다.

　정치외교학은 역사와 철학을 학문의 근간으로 삼고 있다. 따라서 역사와 철학에 대한 깊이 있는 탐구는 곧 정치외교학에 대한 전공역량을 쌓아갈 수 있는 훌륭한 방법이다. 국사, 동양사, 서양사의 모든 영역은 한국정치사, 동양정치사, 서양정치사가 다루는 영역과 거의 정확하게 일치한다. 즉 역사에 대해서 공부할 때 정치사의 차원에서 접근하여 정치적 변천과 정치적 의미를 따져본다면 정치외교학과 지원을 위한 훌륭한 탐구활동을 한 것이다.

철학사상 또한 정치학의 핵심인 정치사상의 영역과 거의 일치한다. 철학사상의 기원 자체가 올바른 통치에 관한 논의에서 탄생한 것이다.

사실 사회과학 일반을 탐구하는 데 역사와 사상은 학문의 근간으로서 매우 중요한 학문 영역이다. 가령 미술사에 대한 관심을 사회학과 접목시켜서 어떠한 미술사적 현상이 일어난 시기의 사회상과 문화상을 살펴봤다면 사회학과 미술사학에서 모두 우수한 평가를 받을 수 있다.

조합③ 경영 + 심리/소비자아동/농경제사회학(식품자원경제학)

인문학과 관련한 진로 계획이 전혀 없는 학생도 있을 수 있다. 오직 경영학 전공만을 생각한다면 바로 이 조합이 전략적인 선택이 될 수 있다.

우선 경영학을 주전공으로 삼고 심리학을 부전공으로 삼는 전략이 있다. 사실 심리학은 사회과학으로 분류하기 다소 애매한 영역이다. 분명히 과학적인 방법으로 연구가 이루어지지만 인간 행동의 본질을 밝힌다는 학문의 목적부터가 인문학적인 데다가 과학적인 방법을 사용하지 않는 심리학 내의 분과들은 인문학적 성격이 강하다. 따라서 경영학과 심리학을 연계하여 전공진로 계획을 구상하는 것은 경영과 인문학의 조합이라는 틀에서 크게 벗어난 것이라 보기 어렵다. 최근 들어 심리학은 다양한 분야에서 활용되고 있는데 특히 기업 경영의 인사 관리, 마케팅, 커뮤니케이션 등 수많은 영역에서 그 중요성이 높아지고 있다. 이런 이유로 심리학 전공자가 기업 경영으로 진출하는 일이 많아지고 여러 기업이 심리학에 정통한 인재를 찾다 보니 심리학과의 위상은 점점 상승하고 있다. 따라서 경영학 전공진로를 생각하는 학생이 심리학에 대한 관심을 가진다면 우수한 성과를 얻을 수 있을 것이다. 또한 경영학과 지원을 포기하고 심리학과에 지원하더라도 나중에 경영학을 공부하거나 기업 경영에 진출하게 되었을 때 경영학만 전공한 이들보다 훨씬 뛰어난 성취를 거둘 수도 있다.

브랜드나 상품의 가치에 대한 소비자 인식에 어떤 심리적 경향이 있는지 밝히는 탐구활동은 물론 기업이 성장하기 위해 필요한 인재의 요건을 심리학적 견지에서 찾아보는 탐구활동도 가능하다. 실제 자신의 경험을 바탕으로 학급 친구들의 스마트폰 이용 실태를 조사해보고 이런 현상에 내재해 있는 심리학적 경향을 밝히면서 기업 마케팅 전략을 제시할 수도 있다. 또는 학교 매점 상품에 대한 친구들의 인식을 조사하여 상품 구매 과정에 어떤 심리적인 요인이 작동하는지 알아보는 활동도 할 수 있다.

심리학은 경영학과 찰떡궁합, 소비자아동학도 긴밀하게 연관된다.

서울대의 경우는 소비자아동학과를 고려해볼 수 있다. 소비자아동학과는 소비자학과 아동가족학이 결합되어 있는 전공으로 주로 경영학, 심리학과 직접 관련이 있는 전공 분야다. 따라서 학생들은 경영학과 심리학, 소비자학을 결합하여 전공진로 계획을 수립함으로써 보다 유연한 진로 관리를 할 수 있다. 가령 최근 남자 청소년들 사이에 명품 시계가 유행하고 있는데, 이 현상의 이면에 있는 심리적 경향을 알아보기 위해 학급 친구들에게 설문조사를 할 수 있다. 조사 과정에서 학생의 자기주도적인 노력과 열정이 드러날 수 있다면 경영, 심리, 소비자학 모두에서 매우 좋은 평가를 받을 수 있는 활동이다.

심리학을 주전공으로 삼고 있는 학생이라면 소비자아동학을 부전공으로 삼는 것도 좋다. 아동의 발달에 관련된 심리학적 분석을 중심으로 탐구 활동을 수행하거나 가족 간의 대화 단절, 가족 내 폭력 등과 같은 사회적 문제를 심리학적 견지에서 접근할 수 있다. 이 과정에서 자신과 친구의 가족을 인터뷰 대상으로 삼고 정성적인 연구를 수행한다면 전공역량 쌓기 활동으로 이만한 게 없을 것이다. 심리학의 위상이 높아지면서 심리학과는 인기 학과의 반열에 올라 있다. 따라서 하향지원을 고민해야 한다면 부전공인 소비자아동학과를 선택할 수 있을 것이다.

경영학을 주전공으로 삼고 있는 학생이 서울대의 농경제사회학부, 고려대의 식품자원경제학과를 부전공으로 삼는 전략도 있다. 농경제사회학부는 비인기학과로 분류되지만 사실 한국 경제를 이끌고 있는 관계와 재계의 인재들을 배출해온 유서 깊은 학부다. 농경제사회학부에서 경제학의 기초를 충실히 배울 수 있으며, 농업 경영과 무역에 대한 심화된 지식과 경험을 얻을 수 있다. 따라서 전공을 계속하는 것도 좋지만 경영학으로 이동하는 데에 아무런 무리가 없을 정도다. 농경제학에 대한 관심을 가지고 농업 경영이나 농업 무역과 관계된 주제들과 관련한 탐구를 한다면 경영학과에서도 높은 평가를 받을 수 있다. 가령 자신이 속한 지역의 농업 특산품의 일반적인 유통 경로와 수출 경로를 확인하고 농업인들에게 보다 큰 혜택이 돌아갈 수 있는 유통 방식이나 마케팅 방식을 만들어본다면 상당히 진실성 있고 구체적인 활동으로 평가받을 것이다.

농경제사회학은 경제, 경영의 다양한 영역을 포괄한다.

소비자아동학과나 농경제사회학부 전공진로를 경영학과와 연계하는 전략은 상당히 효과적이다. 경영학이나 경제학을 준비하다가 여차하면 소비자아동학과와 농경제사회학부로 하향지원하면 되지 않겠나 하는 생각을 할 수 있다. 하지만 이런 방식은 좋은 전략이라고 보기 어렵다. 누구나 다 생각하는 방식으로 준비한다면 차별화가 가능하겠는가? 경영학과 경제학 관련 역량을 갖췄다 하더라도 소비자학이나 농업경제학에 관련한 관심과 역량을 보여줄 수 없다면 좋은 평가를 받을 수 없다. 소비자학이나 농업경제학에 관심도 없으면서 하향지원한 학생이라는 사실이 바로 드러나기 때문이다. 사실 비인기학과인 소비자아동학과와 농경제사회학부를 목표로 1학년부터 준비하는 학생은 거의 없다. 지원자 중에는 일반적인 경영학, 경제학 말고 전공 분야에 대한 책 한 권 제대로 읽은 학생조차 드물다. 따라서 중장기적으로 이 분야를 충실히 준비한 학생이라면 서류종합평가에서 상당히 유리하다.

조합④ 경제/행정(정책) + 농경제사회학(식품자원경제학)/지리학

조합③과 유사하게 경제학이나 행정학 전공진로에만 관심이 있는 학생들에게 추천할 만한 조합이다. 경제학이나 행정학을 주전공으로 삼고 농경제사회학이나 지리학을 부전공으로 관리를 하는 방식은 경제정책이나 개발정책에 대한 관심과 탐구활동으로 이어질 수 있다.

국토 균형 개발 문제는 여전히 한국 사회의 화두이며 세계적으로도 중요한 이슈다. 만일 한국의 경제 개발정책의 과정을 탐구하면서 개발정책이 한국 경제의 구조와 지역 구조에 미친 영향을 살펴봤다면 좋은 평가를 받을 수 있다. 또는 자신이 살고 있는 지역 문제에 더욱 집중하여 지역의 경제적, 공간적 변화 양상을 살펴보고 지역적 특색을 살린 활성화 방안을 제시해본다면 경제학과와 행정학과 모두 매우 우수한 활동으로 인정받을 수 있다. 농업 개방의 세계적인 추세를 살펴보고 한국의 무역정책과 농업정책에 대해 탐구해본다면 경제학, 농경제학, 행정학에서 모두 좋은 평가를 받을 수 있다.

또한 빈곤국 개발이나 지속가능한 개발 문제를 다루는 탐구활동도 추천할 만하다. 이와 같은 주제에 대한 관심과 활동은 학생의 글로벌 소양을 보여줄 수 있는 기회가 될 수 있다.

빈곤국의 빈곤 퇴치를 위한 세계적인 노력에 대해 조사해보거나 국제개발 원조에서 일어나고 있는 논쟁을 살펴보면서 저소득국의 농업 현황이나 농업정책을 연계시켜 이해한다면 경제학, 행정학, 농경제학 모두를 아우르는 것이다.

환경 선진국의 지속가능한 경제정책이나 개발정책을 바탕으로 한국의 경제정책, 개발정책을 비판적으로 검토해보는 것도 훌륭하다.

조합⑤ 통계학 + 사회과학 전반

아무리 힘들어도 남들과 다른 길을 꿋꿋하게 도전해보겠다는 의지를 가진 학생이라면 통계학을 중심에 두는 전공진로를 추천하고 싶다. 필요한 것은 교과 공부와 수능 공부, 학교 내 생활을 모두 충실히 하면서도 남들과는 다른 고등학교 생활을 하겠다는 의지다. 그리고 수학에 대한 흥미와 자질도 필요하다. 통계에 관심을 가지고 자기주도적 탐구를 수행한 학생이라면 경영학과 사회과학 모두에서 반기는 인재가 될 수 있다.

사회과학이 점점 과학적인 방법론을 추구하고 통계 분석을 학문의 필수 영역으로 삼게 되면서 통계학의 중요성은 날로 커지고 있다. 경영, 경제, 정외, 사회, 심리, 지리 등 전공을 막론하고 통계학은 학문하는 이들에게 필수적인 요구사항이 되고 있다. 대학원에 진학한 학생들에게 가장 큰 부담이 통계학이며, 학위 논문을 작성하는 데 가장 큰 난관이 되는 것도 통계학이다. 따라서 고등학생 시절부터 통계에 관심을 가지고 통계의 기본 개념과 원리를 탐구한 학생은 일단 대학에서 학문 연구를 수행할 수 있는 기본자세와 자질을 갖추었다고 평가받을 수 있다.

모든 사회과학에 통계는 필요하다.

통계를 주전공으로 삼는 학생들은 확률과 통계, 미적분에 특히 관심을 갖고 학교 공부에 충실해야 한다. 통계학 입문서로 꼼꼼하게 기본 원리를 공부하고 쉽게 쓰인 통계 관련 서적을 읽어야 한다. 대학에서 배우는 통계학 전공까지 깊이 들어가는 것도 좋지만 욕심이 지나친 것은 좋지 않다. 자신이 충분히 이해할 수 있는 수준에서 충실하게 탐구하는 것이 옳다. 더 중요한 것은 통계 연구를 직접 해보는 것이다. 뭔가 거창한 것이 아니다. 학교 친구들을 대상으로 간단한 설문조사를 하고 분석하는 것이다. 그러려면 초보적인 수준에서 통계 프로그램을 운용하는 방법을 공부해야 한다. 고등학생 수준에서 초보적인 분석 방법을 배우는 것은 사실 포토샵을 다루는 것보다 쉽다. 어려운 것은 통계 분석의 기본 원리와 개념을 잡는 것이기 때문에 어느 정도 원리를 이해하는 학생이라면 금방 배울 수 있다. 예를 들어 친구들의 패딩점퍼 브랜드 선호도를 조사했다면 경영학과, 우리나라의 경제 문제에 대한 의식 조사를 했다면 경제학과, 정치 참여 의식이나 통일 관련 인식을 조사했다면 정치외교학과, 사회적 갈등 문제에 대한 인식 조사를 했다면 사회학과와 관련이 있다. 통계학에 대한 탐구활동은 어느 전공에서나 우수한 평가를 받을 수 있다.

조합⑥ 인문학 선택

인문학을 공부하려는 학생에게는 특별히 양 날개 전략이 필요없다. 하향지원을 염두에 둘 필요가 없기 때문에 자신의 전공진로에 충실하면 된다. 특히 인문학 전공을 고민하는 학생은 대부분 상당히 뚜렷한 계획을 갖고 있다.

그러나 자신이 선택한 인문학 영역과 다른 영역 간의 결합을 시도할 필요는 있다. 인문학은 문사철(文史哲)에 예(藝)를 결합하여 문사철예(文史哲藝)의 유기적 종합으로 이해된다. 인문학은 인간 사고와 행위의 본질을 다루는 기초학문이며 세부 영역 간 깊은 연관이 있다. 실용학문이 아니기 때문에 거창한 목적의식보다는 자신이 평소 지적인 즐거움을 누리는 분야가 인문학임을 드러내야 한다. 인문학 지원자에게 가장 크게 요구되는 것은 바로 진실성이다.

가령 중국이 세계경제의 중심이며 앞으로 우리나라의 가장 중요한 전략적 파트너가 될 국가이기 때문에 중어중문학과에 지원한다는 동기는 진실성이 결여되어 있다. 중국의 전략적 중요성을 중시한다면 경영학이나 경제학, 정치외교학을 공부할 것이지 왜 굳이 중어중문학을 선택했단 말인가? 진실성이 있으려면 중국어 자체가 재미있고, 중국 문학과 문화에 관심이 있어서 지속적으로 공부를 했다는 것을 보여줘야 한다.

한마디로 인문학은 '그저 좋은 것', '그냥 재밌는 것'이어야 한다는 말이다. 문사철예의 유기적 종합인 인문학을 사랑하는 학생이라면 자신의 전공에만 매몰되지 않고 인문학의 다른 영역에도 관심을 갖는 것이 당연하다. 가령 중어중문학과를 지원한 학생이 중국어와 중국 문학, 중국 문화를 사랑한다면 중국의 역사에도 관심을 가지지 않을 수 없다. 또한 중국 문학의 영향을 받은 한국의 고전 문학에 대해서도 관심이 생길 수밖에 없다. 따라서 인문학 전공진로를 고민하는 학생들 역시 주전공과 부전공을 연계하여 역량을 쌓아가야 한다.

국문/중문/영문/불문/독문/노문/서문/일문 및 아시아언어문명 등의 어문학 계열을 생각하는 학생은 해당 언어 실력뿐 아니라 대표적인 문학 작품도 탐구하는 것이 좋다. 동시에 해당 언어권 지역과 국가의 역사를 함께 공부한다면 높은 평가를 받을 수 있다.

만일 중국 고전 문학에 관심을 갖고 있으면서 작품에 드러난 도가사상도 공부했다면 전공역량 면에서 우수한 평가를 받을 것이다. 또는 프랑스 문학 작품에 드러난 실존주의 사상을 공부하는 식이다.

국사/동양사/서양사/고고학/미술사 등의 역사학 계열을 고려하고 있는 학생에게도 문학과 철학은 매우 중요하다. 역사를 이해하고 탐구하다 보면 한 시대를 대표하는 문화적 현상으로서 문학을 빼놓을 수 없다. 시대상과 인간의 정서를 구체적으로 보여주는 것이 바로 문학이기 때문이다. 또한 시대의 흐름과 철학사상은 깊은 관련이 있다. 문학과 마찬가지로 철학 역시

한 시대에 나타난 인간의 사유와 성찰을 대표하기 때문이다.

만일 국사에 관심이 있는 학생이 조선 중기 이후의 시대상에 관심을 갖는다면 이기론을 둘러싼 철학적 논쟁을 빼놓을 수 없다. 그리고 조선 후기에 가까워지면 실학사상을 빼고서 역사를 논하기 어렵다. 역사를 전공하려는 학생이 조선의 이기론 논쟁이나 실학사상을 구체적으로 탐구했다면 역사학 예비 전공자로서 매우 좋은 평가를 받을 것이다.

철학/미학/종교학 등 철학 계열을 선택하고자 하는 학생들에게는 다소 현실적인 이유에서 문학과 역사를 연계할 것을 추천한다. 솔직히 고등학생이 철학사상을 본격적으로 공부하기는 어렵다. 특히 고전 읽기의 경우 책의 내용과 학생의 이해 간 격차가 너무 커서 탐구활동으로 제 기능을 못하는 수가 있다.

문학과 역사는 학생들이 철학사상을 보다 쉽게 이해하고 탐구할 수 있는 기회를 제공한다. 따라서 철학을 주전공으로 삼는 학생은 철학사상을 문학과 역사의 맥락 속에서 이해하는 것이 좋다. 가령 동양철학에 관심이 있다면 세계 문학에 드러난 노장사상에 대해 차근차근 알아보는 게 좋다. 사상을 다룬 문학책들은 고전이나 철학서에 비해 이해하기 쉽기 때문에 한 차례 독서가 다른 독서로 연결되기도 쉽다.

철학의 높은 장벽, 문학과 역사로 뛰어넘어라.

인문학은 문학, 역사, 철학, 예술을 비롯하여 인간이 처한 환경과 행위에 대한 총체적인 성찰을 담고 있으므로 반드시 인문학 내에서의 상호 연관성을 고려해야 한다.

조합⑦ 개별 전공＋사범계열

사범계열을 선택하는 학생들에게도 양 날개 전략은 크게 의미가 없다. 이들은 교사라는 목표 의식이 뚜렷한 편이다. 물론 노후 걱정이 없다는 이유에서 부모나 주위에서 교사를 권유하는 경우도 많지만 비교적 인생에 대한 진지한 고민과 성찰이 있었음을 보여준다. 사범계열의 경우 교사로서의 인성과 적성이 가장 중요한 요소지만 해당 전공에 대한 관심과 전공역량 또한 필요하다.

만일 서울대 지원이 다소 불안한 상황에서 국문/영문/독문/불문/사회/지리/역사/철학 방면에 관심을 가지고 있는 경우라면, 그리고 사범계열 공부를 하는 것도 괜찮다는 생각이 든다면 이 조합을 고려해볼 수 있다. 즉 자신이 관심을 가진 전공진로를 탐구하면서 교직 인적성을 관리하는 것이다. 가령 사회학과 관련된 전공역량을 쌓아가는 동시에 교사로서 갖추어야 할 청소년 교육에 대한 문제의식, 사명, 봉사 정신 등을 갖추는 것이다. 사범계열의 서류종합평가는 교사로서의 인적성이 가장 중요한 평가요소다.

진지한 고민 없이 전공을 선택하는 학생들은 사실 실용적인 목적에서 출발한 것이다. 경영, 경제 분야가 유망하니까 경영학과 경제학에 관심을 갖게 된 것이고, 외교관이나 국제기구 종사자라는 멋진 직업을 동경하여 국제정치학을 선택하는 것이다. 공무원으로 성공하고 싶어서 행정학을, 아나운서가 되기 위해서 언론학을 선택한다.

물론 어떤 직업을 희망하기 때문에 특정 전공을 선택하는 것을 폄하

할 수는 없다. 그러나 단지 실용적인 목적만 있을 뿐 학문 자체에서 의미를 찾지 못하거나 학문에 대한 열정과 애정이 없다면 충실한 자세는 아니다.

상위권 대학으로 갈수록 학문하는 자세를 강조하기 때문에 전공과 관계된 탐구활동을 해온 학생들이 더 좋은 평가를 받는 것은 당연하다. 서울대 인문대학의 경우 인문학에 대한 관심과 열정이 드러나지 않는다면 다른 영역이 아무리 우수해도 합격하기 어렵다.

결국 이 책이 제시하는 양 날개 전략은 하향지원의 가능성을 염두에 둔 실용적인 전략이지만 동시에 진지한 학문적 탐구활동을 하는 전략으로서 의의가 있다. 한 가지 전공만으로는 보이지 않던 구체적인 탐구 주제가 두세 가지를 결합하면 보다 명확하게 드러난다. 학생들은 이러한 구체적인 주제나 이슈에 관련한 지적 탐구를 수행하면서 자연스럽게 전공역량을 쌓아갈 수 있으며, 자신이 선택하는 전공학문에 대한 진실성 있는 자세를 드러낼 수 있을 것이다.

이 학과에 온 이유가 뭐니?

부득이하게 하향지원을 한 경우라도 기초적인 예의조차 없는 것은 곤란하다. 많은 학생이 자신이 선택한 학과에 대해 최소한의 예의도 없는 자기소개서를 작성하곤 한다. 아무리 학생부에 드러난 역량이 뛰어나다고 하더라도 이런 학생이 합격하기는 어렵다. 서어서문학과에 지원하면서 자신의 꿈은 경제 관료인데, 한국-칠레 FTA와 같이 남미와의 무역이 증대될 것이므로 스페인어가 반드시 필요하다고 생각해서 지원했다고 자기소개서를 작성했다. 일단 지원 동기에서부터 스페인어와 스페인 문학에 대한 열정이 보이지 않는다. 이 학생의 활동 내용을 보니 외고에서 스페인어를 전공해서 공인어학자격증은 있다. 하지만 그 외에 남미 문학, 남미 사회, 문화에 대한 활동은 전혀 없다. 서어서문학과는 이 학생에게 "스페인어는 어학원에서 배우세요."라고 말할 것이다. 아무리 봐도 이 학생은 서어서문학과에 들어온 뒤 전공학문에는 관심이 없고 경제학과로 전과하거나 처음부터 행정고시를 준비할 학생으로 보일 뿐이다.

자유전공학부에 지원하는 학생들 중에도 유사한 사례가 많이 있다. 적어도 자신이 특정 전공을 선택하지 않고 자유전공을 선택한 이유가 드러나야 한다. 고등학생이 미리부터 학문 간 융합을 통한 '학생설계 전공'을 제시하는 것은 무리다. 그렇다 하더라도 자신이 여러 학문에 대해 관심이 있고 그 학문들을 두루 탐구해왔다는 점을 드러내야 한다. 즉 대표적으로 양 날개 전략에 따른 활동을 충실히 수행해야 하는 학생들이 자유전공학부 지원자들이다. 하지만 상당히 많은 지원자들은 자신이 경영학, 경제학을 전공하리라는 '티'를 팍팍 내고 있다. 이런 식이다.

"저는 경영학을 전공하여 세계적인 기업의 CEO가 되고자 합니다. 이 과정에서 다양한 전공을 두루 경험하고 공부할 수 있는 자유전공학부가 전문 경영인의 꿈을 이루기에 적합하다고 생각했습니다."

자유전공학부에서는 "그럼 경영대 가야지 여긴 왜 왔어?"라고 말할 것이다. 자유전공 또는 융합전공에 대한 관심과 탐구활동이 결여되어 있기 때문이다. 또 다른 사례도 있다.

"저는 서울대 로스쿨을 졸업한 후 약자의 편에서 정의로운 판결을 내리는 법관이 되고자 합니다. 자유전공학부에서 다양한 전공을 수강하면서 로스쿨 진학 후 뛰어난 성취를 위한 기초를 쌓겠습니다."

로스쿨에 진학하겠다는 생각으로 자유전공학부를 지원했다는 점은 문제될 것이 없다. 하지만 왜 하필 자유전공학부에 왔는지를 밝히지 못하면 자유전공학부에서 제대로 공부할 마음이 없다는 사실을 드러낼 뿐이다. 최소한의 예의는 지켜야 한다. 전공학문에 관심을 갖고 역량을 쌓기 위한 활동을 수행했다는 사실을 보여줘야 한다는 것이다. 바로 '학문하려는 자세' 말이다.

전략 2.
전략적인 동기 관리

이제 본격적으로 자기소개서가 묻고 있는 세 가지 질문에 대한 체계적인 준비전략을 살펴보자.

자기소개서의 질문을 다시 정리하면 ① 전공 적합성, ② 학내외 활동, ③ 잠재력과 인성이다. 이때 가장 중요한 질문인 전공 적합성 항목은 일종의 기승전결(起承轉結)의 구도로 이루어진다고 설명했다. 전공에 대한 흥미와 관심이 일어나서(起), 구체적이고 지속적인 활동을 통해 발전·심화되고(承轉), 미래에 대한 계획과 비전을 제시(結)하는 것이 전공 적합성 항목에 대한 답이다.

이 책이 제시하는 전략의 순서는 기승전결이 아니라 동기/비전/활동의 순서다. 서류종합평가에서 가장 중요한 '내용'을 만드는 활동을 마지막에 배치했다.

관심의 동기와 발전·심화 과정을 혼동하지 말자!

자기소개서를 지도하다 보면 전공에 대한 동기에서부터 맥이 풀리는 경우
가 많다. 상당히 많은 학생이 관심 동기에서부터 구체성과 진실성이 결여
되어 있기 때문이다.

> "2008년 세계 금융위기가 닥쳤을 때, 저는 더 이상 현재의 세계경제
> 시스템으로는 지속적인 경제성장과 인류의 발전이 불가능하다는 점
> 을 깨달았습니다. 그리고 경제학이 대안을 제시하는 역할을 해야 한
> 다고 생각하게 되었습니다. 금융자본의 통제받지 않는 이윤 추구 행
> 위를 묵과하고 다국적기업이 견제되지 않는 권력으로 군림하는 현 세
> 겨 체제는 몰락의 길을 자초할 수밖에 없다고 생각합니다."

세계경제에 대한 소양을 어느 정도 갖춘 학생이지만 동기의 구체성이
떨어지기 때문에 과연 이 학생이 정말로 세계 금융위기를 계기로 경제학에
관심을 갖게 되었는지 의심이 간다. 어째서 세계 경제위기 문제에 관심을 갖
게 되었는지를 보여주는 구체적인 계기가 전혀 없기 때문이다.

이처럼 대부분의 학생은 어느 날 어떤 현상을 보고 갑자기 큰 깨달음을 얻었다는 식으로 관심의 동기를 서술한다. 이걸 그대로 믿어주기는 어렵다.

다른 사례도 많이 있다. 기업의 불공정행위를 보면서 경영학의 중요성을 깨달은 학생, 독도 문제를 보면서 외교의 중요성을 깨달은 학생, 동북공정 문제를 보면서 역사학의 중요성을 깨달은 학생, 찌아찌아족의 사례를 보면서 국어국문학의 중요성을 깨달은 학생 등등 자소서는 온통 '어느 날 갑자기 얻은 깨달음'으로 가득 차 있다.

물론 평소에도 관심이 있다가 특별한 상황에서 관심이 증폭된 사람도 있다. 그런 사람은 당연히 평소 탐구활동에 이런 내용이 포함돼 있다.

> 관심의 동기는 찰나의 깨달음이 아니라 계속된 과정이어야 한다.

게다가 '어느 날 갑자기 얻은 깨달음'은 너무 식상하기 때문에 다른 학생과 차별화할 수 없다는 점이 문제다. 누구나 쓸 수 있는 내용으로 자기소개서의 내용을 채우는 것은 지면 낭비다. 관심이 발생한 동기가 아니라 관심을 발전·심화시키게 된 계기를 동기라고 써놓고 보니 어색하고 식상한 내용만 남은 것이다.

차라리 학교 수업을 들으면서 관심을 갖게 됐다는 내용이 훨씬 진실성 있고 구체적이다. 가령 열심히 수업을 들으면서 경제학에 대한 관심이 생겼고, 세계 경제위기를 맞아 한국 경제가 휘청거리는 모습을 보면서 관련 책을 찾아 읽으며 관심을 키워왔다고 한다면 멋있어 보이지 않지만 진실한 내용이라고 할 수 있다.

"어려서부터 저의 장래 희망은 오직 단 하나, 유엔사무총장이 되는 것이었습니다. 유엔사무총장이 되어 현재 지구가 처해 있는 중대한 문제들을 해결하는 것에 대해 일종의 사명의식을 지니고 있습니다. 현재 세계는 심화되는 빈부격차와 지속되는 경제위기, 끊임없는 인종 갈등과 생태적 위기에 직면해 있으나 이 문제를 해결하기 위한 강력한 리더십이 없습니다. 저는 유엔이 국제 정부로서 역할을 수행할 수 있도록 성장시키고 그 업적을 바탕으로 국제 정부의 수장인 유엔사무총장이 되겠다는 꿈을 키워왔습니다. 그리고 그 꿈을 바탕으로 외교학에 흥미를 갖기 시작했습니다."

위의 사례 역시 멋진 자기소개서로 보이지만 전공에 대한 관심의 동기와 관심의 발전·심화 과정이 뒤죽박죽 섞여 있다. 도대체 왜 어려서부터 유엔에 관심을 갖게 되었는지, 어째서 유엔사무총장이 꿈이었는지를 말하는 것이 관심의 동기다. 그런데 동기 제시는 없고 거창한 선언만 반복하고 있는 느낌이다.

이 경우 특히 주의해야 할 것은 학문을 단순히 도구화해서는 안 된다는 점이다. 유엔사무총장이 되기 위해 외교학을 선택했다는 것은 특정 직업을 얻기 위한 스펙 따기 정도로 이해한다는 얘기다.

전공학문은 도구가 아니라 목적이 되어야 한다. 대학에서 학문은 목적이기 때문에!

외교관이 되고 싶어서 외교학을 공부?

흔히들 이렇게 쉽게 생각하지만 대학에 들어간 후에는 이게 얼마나 단순한 생각이었나를 깨닫게 될 것이다. 외교학은 외교관이나 국제기구 종사자를 육성하는 학문이 아니다. 외교분야에서 일하려면 외교학을 전공해야 한다는 단순한 사고가 전공 선택의 동기가 되고 있다.

원래 외교분야는 많은 학생에게 선망의 대상이었다. 특히 반기문 유엔사무총장 취임 이후 외교분야 진로를 비전으로 갖는 학생들이 더 늘어났다. 그러나 정작 외교학과 관련한 탐구활동을 충실히 수행한 학생은 찾아보기 어렵다.

외교분야에서 일하고 싶은 학생들은 먼저 국제정치학의 기본인 정치학을 공부하는 것이 첫 단계다. 또한 국제 관계의 역사를 알기 위해 서양사를 공부하는 것이 전공역량을 쌓는 좋은 활동이 될 것이다. 외교학을 단순히 외교관이 되기 위한 기술쯤으로 여긴다면 곤란하다. 외교학, 즉 국제정치학은 엄연히 정치학이라는 뿌리를 지닌 진지한 학문이다. 외교학 전공진로를 제시하면서 학문적 관심과 탐구활동이 없다면 절대 좋은 평가를 받을 수 없다.

풍부한 경험과 체험으로 삶에 맞닿아 있는 동기를 형성하자!

동기를 차별화하기 위해서는 동기를 만들기 위한 의도적인 노력이 필요하다. 그것은 자신의 삶에서 상당 기간 지속적으로 부딪히는 문제들 속에서 전공에 대한 관심의 동기를 찾아가는 것이다.

"평생을 성실하게 사신 제 아버지는 공장 근로자로서 단순 작업의 반복과 잦은 야근으로 인해 점점 알코올에 의존하셨습니다. 아버지의 몸건강과 정신건강이 악화되는 모습은 제 청소년기를 내내 짓누르는 고민거리였습니다. 이런 고민에서 저는 근로자들의 심리적인 문제 치유와 스트레스 관리를 가능하게 할 수 있는 심리학 공부에 관심을 가지게 되었습니다."

물론 이 학생은 동기를 만들려고 해서 만든 게 아니다. 특수한 가정환경에서 자연스럽게 도출된 동기는 학생이 지닌 전공에 대한 관심과 열정에 진실성을 부여한다.

하지만 유복하고 화목한 가정환경을 일부러 망칠 수도 없는 노릇이고,

지금까지 순탄하게 살아온 학생의 삶에 시련을 줄 수도 없는 노릇이니 과연 어떤 방식으로 삶에 맞닿아 있는 동기를 형성할 수 있을까?

> "부모님을 따라 중국을 여행하며 서안과 돈황을 다녀온 경험은 동양과 서양이 교류한 역사에 대한 관심을 불러일으키는 계기가 되었습니다. 돈황에서 석굴의 규모에 놀란 것보다 더욱 신기하게 느꼈던 것은 중국인이라고 보기 힘든 외모의 이슬람교도들이 중국인으로서 살고 있다는 점이었습니다. 시내 곳곳에서 서양인처럼 보이는 외모의 중국인들이 북경에서는 본 적이 없는 빵과 음식을 팔면서 중국어로 대화하는 모습이 흥미로웠습니다. 여행을 다녀온 후 돈황과 실크로드에 대한 책을 찾아보면서 실크로드의 역사에 대한 관심을 갖게 되었습니다."

여행은 구체적인 체험을 통해 동기를 일으키는 좋은 계기다. 지역과 문화에 대한 관심을 가진 학생은 자연스럽게 전공 분야에 대한 관심을 형성할 수 있게 된다. 그러나 오해하지는 말자. 반드시 많은 돈이 드는 해외여행일 필요는 없다. 그리고 먼 거리를 움직여야 하는 여행일 필요도 없다.

> "할머니의 독특한 종교관 때문에 두 개의 종교를 모두 체험하게 되었습니다. 할머니는 성당에 나가시면서도 가끔씩 절을 찾아서 기도를 하시기도 합니다. 자신이 기도할 일이 있으면 성당과 절을 가리지 않고 찾아가십니다. 거동이 불편하신 할머니를 모시고 다니면서 흥미로운 점을 발견했습니다. 종교의 교리와 특성은 분명히 달랐지만 사

람들은 모두 자신이 원하는 바를 신에게 요구하고 있었다는 점입니다. 특히 재물과 성공을 기원하는 불교의 관세음보살과 가톨릭의 성모 마리아가 보여주는 겉보기의 유사성은 상당히 흥미로웠습니다."

이 학생이 삶 속에서 느낀 통찰은 곧 종교학, 역사학, 문화인류학의 연구 대상이 되는 것이다. 국내 여행만으로도 우리나라의 문화유산과 자연, 도시를 체험하면서 학문에 대한 충실한 동기를 만들어낼 수 있다. 혹은 자신이 살고 있는 지역을 돌아다니면서도 다양한 경험과 체험을 할 수 있다.

"제가 태어나서부터 지금까지 살고 있는 동네 근처에는 OO시장이라는 유명한 재래시장이 있습니다. 초등학교 등하교길에 시장을 가로질러오다 보면 오감을 자극하는 맛있는 음식들에서 눈을 떼지 못하곤 했습니다. 하지만 조금은 지저분하고 어두컴컴한 시장 분위기가 싫어서 일부러 찾아가지는 않았습니다. 그런데 시장을 정비하는 공사가 진행되고 난 후 OO시장은 더 많은 사람들로 북적이는 맛집골목으로 변했습니다. 저는 시장의 변신과 성공을 낳은 원인이 무엇일까 생각해보다가 시장연합회를 방문하게 되었습니다."

좋은 동기를 만들기 위해서는 많이 돌아다닐 필요가 있다. 한 마디로 많은 경험과 체험을 하라는 뜻이다. 여행뿐 아니라 봉사활동, 특별활동, 동아리활동, 학생회활동, 종교활동 모두 지속적인 삶의 체험에 근거한 구체적이고 진실성 있는 동기를 마련해주는 계기가 될 수 있다. 심지어 청소년기 일탈의 경험도 귀중한 경험이 될 수 있으나 전공에 대한 관심 동기를 만들겠다고 일부러 일탈을 할 순 없으니 잠시 방황한 시간이 있다면 그 정도로도 매우 좋은 동기라고 할 수 있다.

그래서 관심 분야에 대한 동기를 만드는 노력은 상대적으로 시간이 많은 중학생 시절에 하는 것이 좋다. 고등학교에 입학해서는 본격적으로 학업 및 전공역량 쌓기 활동을 수행해야 하기 때문이다.

전략 3.
전략적인 비전 관리

비전은 대학에서 공부할 학업 계획과 전공을 통해 이루게 될 미래의 포부를 의미한다. 자기소개서에서 상당히 중요한 질문이지만 학생들의 답은 그다지 신통치 않다. 추상적이거나 단순하다. 한 마디로 평가자를 매료시킬 수 있는 비전 제시가 없다는 것이다. 평소 학생들이 자신의 비전에 대해 구체적이고 진지한 고민을 하지 않기 때문이다. 매력적인 비전이란 어떤 것일까?

직업 목표보다는 학문적 포부에 집중하라!

자기소개서 지도를 하다 보면 크게 놀라는 일 중 하나가 학생들의 비전이 소박하다 못해 단순하다는 것이다. 실제로 대통령이 꿈이었던 학생이 많았던 30~40년 전과 비교하면 우리 사회가 청소년들에게 얼마나 꿈을 제한하고 있는지 알 만하다. 학생들의 비전이 단순해지는 것은 미래지향적으로 뻗어나가야 하는 비전이 특정 직업이라는 테두리 안에 갇혀 있기 때문이다.

"저는 경영학과에 진학하여 재무와 회계 중심으로 집중적인 공부를 해나갈 것입니다. 이를 위해 중급회계와 고급회계, 관리회계, 원가회계, 세무회계, 회계 감사, 재무제표분석 및 기업가치평가 등의 수업을 수강하면서 회계와 재무 이론에 대한 기본 실력을 키워나갈 것입니다. 이를 바탕으로 2학년부터는 본격적으로 회계사 시험 준비를 시작하여 졸업 전에 반드시 회계사 자격증을 취득할 것입니다. 졸업 후에는 한국 최고의 회계법인인 삼일에서 최고의 실력을 발휘하는 회계사로 활동함으로써 경영학과의 명예를 드높일 것입니다."

간단히 생각해보자. 대학에 들어와서 회계사 시험에 도움이 되는 수업을 듣고 회계사 시험에 합격한 후 회계사가 되겠다는 이 학생의 비전이 대학이 원하는 창의적인 글로벌 인재상에 부합하는가? 우리 사회를 책임질 미래의 리더로서 인재상에 부합하는가? 이처럼 특정 직업적 목표에 비전이 묶여버리면 지극히 단순한 비전밖에 제시하지 못하게 된다. 게다가 특정 직업에 비전이 속박되면 목표를 이루는 순간 비전이 끝나는 셈이 된다. 회계사가 되어 유망 회사에 취업하면 이 학생의 꿈도 끝나버리고 만다. 누가 봐도 매력을 느낄 수 없는 내용이다.

더욱 심각한 것은 학문적 포부가 전혀 없다는 점이다. 누차 강조하지만 대학은 여전히 학문의 전당이다. 대학이 취업 학원이 되고 있다는 자조 섞인 비판이 아무리 많다 해도 대학 교육의 목표 중 으뜸은 학문적 성취에 있다는 사실은 변하지 않는다. 그런데 전공학문을 직업적 목표 성취의 수단 정도로 여기고 있다는 사실이 여실히 드러나는 학생의 자기소개서가 어떤 평가를 받을지는 불 보듯 뻔하다.

단일 재무와 회계 분야에 관심을 가지고 있다면 대학에서 이 분야를 공부하면서 선진 재무회계 관리기법을 연구하고 한국 기업의 재무관리에 새로운 패러다임을 도입한다거나 건전한 기업 재무관리를 위한 정책적 노력을 모색한다는 등의 학문적인 포부가 제시되어야 한다. 사실 이러한 학문적 포부는 학생 자신이 수행한 지적 탐구활동에서 자연스럽게 도출될 수 있다. 앞서 제시한 내용과 같이 여러 학문 영역 간의 연계를 통해 구체적인 탐구활동을 수행한 학생이라면 자신의 관심사와 주제를 대학에서 심화 연구하겠다는 학문적 포부를 밝힐 수 있을 것이다.

만일 중국문학에 관심을 가지면서 경영학 전공을 선택하여 탐구활동을 수행했다면 중국 문학을 통해 분석한 중국인의 의식구조에 맞는 마케팅 기법을 개발해보겠다는 학문적 포부를 밝힐 수 있다. 결국 무엇을 했는가가 자기소개서에 무엇을 쓸 수 있는가를 결정한다.

대학은 어떻게 먹고살지보다 어떻게 공부할지를 궁금해 한다.

이런 이유 때문에 직업적 목표에 비전을 가두지 말고 학문적인 포부에서 비전을 찾으라는 전략을 제시하고자 한다. 이렇게 되었을 때 학생이 제시하는 직업적 목표와 전공학문 간의 긴밀한 연관 관계가 형성되어 진실성 있는 자기소개서 내용을 구성할 수 있다.

예를 들어 방송 PD라는 직업 목표를 가진 학생이 언론정보학 탐구를 통해 효과적인 커뮤니케이션 과정을 공부하여 한국인의 의식 구조에 맞는 커뮤니케이션 수단과 방법을 제시하고 싶다는 학문적 포부를 제시했다고 하자. 이를 통해 자신이 제작하고자 희망하는 교양 프로그램과 다큐멘터리를 대중이 두루 즐길 수 있는 컨텐츠로 만들어 나가고자 한다고 제시했다고 하자. 평가관뿐만 아니라 누가 봐도 이 학생의 학문적 관심과 미래지향적 비전에 공감할 수 있을 것이다.

비전을 특정 직업에 가둬놓다 보니 웃지 못할 상황도 자주 연출된다. 자신의 비전으로 '교수'를 제시하는 학생이 적지 않다. 진로지도상황에서부터 영문학 교수가 희망 진로로 제시되어 있는 데다 자기소개서도 영문학을 공부하여 영문학 교수가 되겠다는 식으로 제시하는 학생이 많다. 심지어 부모님이 교수라서 자신도 교수가 되고 싶었다고 하는 학생들도 있다. 엄밀히 말해 교수는 직업이 아니다. 교수의 진짜 직업은 학문 연구자고 후학을 양성하는 선생님의 역할을 더불어 수행하고 있는 것이다. 그러니까 학생들의 진로희망은 학자 혹은 연구자가 되어야 옳지 교수가 되겠다는 것은 뭔가 번지수를 잘못 찾은 것이다. 학문을 업으로 하는 학자와 연구자가 되겠다는 비전을 가진 학생들조차도 '교수'를 비전으로 제시하고 있는 것이다. 직업적 목표와 학문적 포부를 혼동하지 않고 비전의 상을 올바르게 그릴 수 있을 때에야 비로소 진실성이 담긴 자기소개서를 완성할 수 있을 것이다.

지나치게 원대한 비전도 경계하자!

학문적 포부와 미래지향적인 비전을 밝히라고 해서 지나치게 원대한 꿈을
제시하는 것도 좋지 않다. 오히려 비전에 대한 구체적이고 진지한 고민이
결여된 학생으로 비춰질 수 있다는 점을 주의해야 한다.

> "저는 경제학자로서 새로운 세계경제체제의 대안을 제시하는 길을 열
> 고 싶습니다. 이를 위해 대학에서 경제학의 기초를 다지기 위한 수업
> 에 충실할 것이며, 학부를 졸업한 후에는 미국으로 건너가 심화된 학
> 문 탐구를 지속할 것입니다. 이를 바탕으로 노벨상을 노려볼 수 있을
> 정도의 수준 높은 연구 결과를 발표하여 세계경제의 새로운 뉴 노멀
> 을 제시하고자 합니다."

이 학생의 비전은 거대하기 이를 데 없다. 마치 지구를 지키는 슈퍼맨
처럼 원대한 고민과 비전을 보여주고 있으나 내실 있는 활동이 뒷받침되지
않는다면 아무 의미 없다.

평소 자신이 경제학 분야에 대해 관심을 가지고 다양한 노력과 활동

을 했다면 세계 경제위기 문제에 관련된 독서와 탐구활동이 어떻게 이루어졌는지를 제시할 수 있을 것이다. 그리고 대략적이지만 대학에서 심화시킬 학문 연구의 방향을 제시할 수 있을 것이다. 어렵게 생각할 필요 없이 고등학생으로서 도달한 결론을 바탕으로 자신의 학문적 포부를 밝힐 수 있는 것이다. 스스로 탐구하고 연구하는 과정이 있었다면 세계경제를 구원하겠다는 식의 지나치게 거대한 포부가 아닌, 보다 구체적이고 현실적인 포부를 제시할 수 있었을 것이다. 비전은 꾸며내는 것이 아니라는 사실을 기억해야 한다. 자신의 노력과 활동을 중심으로 자연스럽게 동기와 비전이 제시되어야 한다.

"저는 경제학과에 진학하여 초보적인 탐구를 진행한 경험이 있는 빈곤국의 지속가능한 경제 개발 문제를 심화 발전시켜 탐구해보고자 합니다. 이를 위해 경제학의 기본 이론을 충실히 공부하고 과학적 방법에 대한 학습도 충실히 할 것입니다. 동시에 개발경제학과 경제정책 분야를 집중 탐구하여 관심 주제에 대한 연구 기초를 마련할 것입니다. 학부에서 대학원으로 지속적인 연구를 수행하여 빈곤국 스스로의 경제 개발 동력을 형성하면서 환경과 사회를 파괴하지 않는 구체적인 개발 대안을 마련해볼 것입니다. 연구를 지속하는 가운데 UNDP나 OECD에서 빈곤국 개발의 실제 현장을 경험함으로써 국제 개발 원조 분야에서 현실적인 대안 제시를 해볼 것입니다. 궁극적으로는 이론과 실무 경험을 갖춘 개발원조 분야 전문가로서 한국의 원조정책 발전에 기여하고 싶습니다."

위의 사례에서 보면 학생 스스로 진지한 탐구활동을 수행한 분야이기 때문에 학문적 포부와 직업적 목표 모두 상당히 구체적이다. 결코 허황된 목표가 아니라 진정성 있는 고민과 활동의 결과물이라는 생각이 든다. 서류종합평가자 또한 이 글을 읽는 여러분과 같은 생각을 할 것이다.

진로지도이력도 관리하자!

앞서 제시한 양 날개 전략으로 전공 관리 전략을 수립했다면 학생부에 기재되는 '진로지도상황'의 내용도 전략적으로 관리하는 것이 좋다. 고등학교 재학생의 경우 2014학년도까지는 학생부에 기재된 진로지도상황이 1,2학년까지만 수시입시에 반영된다. 하지만 2015학년도부터는 3학년 1학기까지 반영된다. 진로지도상황은 학생과 학부모의 진로희망과 교사가 작성하는 진로희망 관련 특기사항 서술로 구성된다.

물론 1,2,3학년 모두 일관된 진로희망을 제시해야 하는 것은 아니다. 학생의 진로희망이 수시로 변할 수밖에 없다는 점은 대학에서도 충분히 이해하는 부분이다. 또한 진로가 수정되는 과정을 자기소개서에서 진실하게 밝히면서 최종적인 전공진로를 제시한다면 아무 문제가 없다. 진로지도이력을 관리하라는 것은 3년 내내 전공진로를 동일하게 유지하라는 것이 아니다. 자신의 생각을 진실하게 드러낼 수만 있다면 몇 번을 바꿔도 큰 상관이 없다.

문제가 되는 상황은 하향지원 시에 발생한다. 학생, 학부모 모두 1,2학년 내내 '경영자'라는 진로를 제시하고 있다가 원서와 서류 접수는 서어서

문학과로 한다면 이를 어떻게 설명하면 좋을까? 학생부에서는 1,2학년 내내 외교관을 꿈꾸던 학생이 서양사학과에 지원하는 것을 어떻게 설명해야 할까?

많은 학생이 이 어려운 변명을 만들기 위해 귀중한 고3 여름방학 시기를 큰 고민 속에서 지낸다. 사실 1,2학년 때는 학생부에 기록되는 진로지도 상황에 별 관심이 없어서 평소 생각하던 막연한 꿈을 기재하곤 한다. 그러다가 고3 여름방학이 오면 후회가 밀려오지만 학생부에 기록된 내용을 수정할 수는 없다.

그렇다면 진로지도이력을 어떻게 관리할까? 방법은 간단하다. 일단 학생과 학부모의 진로희망을 분리해서 각각 다른 내용으로 기재하도록 하자. 이때 학생은 학문 연구자나 특정 분야 전문가로의 진로를 기재하고, 학부모는 실용적인 전공 관련 직업 분야를 선택하면 된다. 이 방법을 통해 최종 진로 선택의 유연성을 확보할 수 있다. 어떤 전공을 선택하더라도 이상하지 않은 진로지도이력을 만드는 것이다.

학생과 학부모의 협동 플레이-서로의 진로희망을 다르게 하라.

	학생 진로희망	학부모 진로희망	의미
조합①	동남아 전문가	경영자	자신이 주로 관심을 갖는 주전공진로와 어문학 부전공진로를 조합한 경우 학생은 주로 두 가지 영역을 아우르는 학문 연구의 진로를 제시하면 된다. 가령 학생은 동남아시아 경제 전문가가 되기 위해 경제학과를 지원해도 되고 동남아 지역을 연구하기 위해 아시아언어문명학부를 지원해도 된다.
	유럽 지역 연구자	경제학자	
	중국 전문가	외교관	
조합②	〔1학년〕 역사학자 〔2학년〕 경제학자	공무원	주전공과 역사, 철학 부전공을 조합한 경우 우선 1학년은 부전공 분야로 전공진로를 기재하고 2학년이 되면 최종 진로를 결정하여 기재하면 된다. 진로지도이력은 주로 학년말에 최종 입력하기 때문에 2학년 말이면 자신의 성적 윤곽이 나오므로 소신지원할지 하향지원할지 결정이 가능하다.
	〔1학년〕 철학자 〔2학년〕 정치학자	교수	
조합③ 조합④	〔1학년〕 심리학 전문가 〔2학년〕 경영 컨설턴트	경영 컨설턴트	주전공을 경영, 경제, 행정으로 하고 부전공을 심리, 소비자아동학, 농경제학, 지리학 등으로 한 경우에도 두 영역을 아우르는 전문가나 연구자로의 진로를 기재할 수 있다. 또는 1학년은 부전공 분야로 기재하고 2학년 때 최종 진로 계획을 기재하면 된다.
	국제통상전문가	공무원	
	지역개발전문가	공무원	

다음 쪽으로 이어짐

조합⑤	〔1학년〕 사회학자, 통계학자 〔2학년〕 경영학자, 경제학자 등	교수	통계학 중심으로 다른 전공을 생각하기 때문에 자신의 관심 분야 연구자나 전문가로 진로를 기재하면 된다. 단 1학년 때에는 사회학자나 통계학자로 진로를 기재하고 2학년 때 경영, 경제를 비롯한 최종 진로를 기재하면 통계를 좋아하는 학생의 관심 분야가 구체화된 것으로 이해되기 때문에 자연스럽다.
조합⑥	교사(영어교사)	영문학자	사범계열 전공진로를 바탕으로 한 조합을 선택한 학생은 일단 2학년 진로지도상황에서 반드시 교사나 교육가에 대한 지향이 있어야 한다. 대신 최종 진로 선택에서 사범대를 선택하지 않을 수 있으므로 학부모 진로 계획은 관련 분야 학자로 기재하자. 인재를 가르치고 육성하는 일은 학문하는 사람에게도 의무가 되므로 교사를 희망하던 학생이 진로를 바꿔 학문 연구를 깊이 있게 하겠다는 것은 매우 자연스러운 일이다.
	교사(사회교사)	교수	

조합⑥의 경우에는 특별히 사례를 제시하지 않았다. 인문학 분야에 대한 전공진로가 명확하므로 굳이 양 날개 전략을 수행할 필요가 없을 것이다.

이때 주의해야 할 것이 있다. 학생의 진로희망이 구체적인 직업 진로로 기재되면 충분한 이유 없이 전공진로를 수정했을 때 설명이 어려워진다. 가령 회계사나 변호사와 같은 직업 진로는 자기소개서에서 제시하고 학생부 진로지도상황에는 특정 분야 전문가나 연구자와 같이 학문적인 연관이 강한 진로를 제시하는 쪽이 하향지원과 같은 상황에 유연하게 대처하기 편하다.

너무 구체적인 직업은 위험천만. 펀드매니저 no 경제전문가 yes

학부모 진로희망은 학생이 진로 계획을 변경하는 좋은 이유가 될 수 있다. 학문 연구에 관심이 많은 학생과 전도유망한 직업을 선택하길 바라는 부모 사이의 긴장은 누구나 자연스럽게 받아들일 만한 상황이다. 가령 영어과 교사를 희망하던 학생이 최종 원서와 자기소개서에서는 영어영문학과로 진로를 선택했다고 하자. 이때 학생이 최종 진로를 변경한 것은 교수가 되기를 원하는 부모님과의 대화를 통해 더욱 깊이 있는 학문 연구와 인재 양성의 길을 택한 것으로 설명할 수 있다.

그런데 2학년 말이 되도록 소신지원을 할지 하향지원을 할지 결정하지 못하는 학생은 이 전략을 실행하기 어렵다. 만일 2학년 말에도 진로 계획이 불확실하다면 굳이 고치지 말고 부전공 분야 연구자로 남겨두자. 인기학과를 희망하던 학생이 최종 원서에서 비인기학과를 선택하면 하향지원의 의심을 살 수 있다. 그러나 비인기학과에서 관련성이 깊은 인기학과로 최종 변경한 것은 자신 있게 설명할 수 있다. 가령 문학이나 역사에 관심을 갖고 있던 학생이 사회 문제에 대한 직접적이고 실용적인 해법을 제시할 수 있는 사회과학에 관심을 갖게 되었다면 누구나 공감할 수 있는 내용이 될 것이다.

전략 4.
전략적인 활동 관리

동기나 비전을 억지로 꾸미려 할수록 구체성은 결여되고 진정성은 저하된다. 실제 학생이 경험하고 체험한 일들에서 진실한 동기가 나타나고 학문적 포부와 미래지향적인 비전이 제시될 수 있다.

서류종합평가를 준비하는 학생들이 할 수 있는 활동에는 무엇이 있을까? 어떤 식으로 수행해야 할까?

서류종합평가에서 주로 반영되는 '활동'은 '스펙 따기'가 결코 아니다. '역량 쌓기'라는 개념이 더 정확하다. 또한 이러한 활동은 구체성, 지속성, 진실성의 원칙에 따라 수행해야 한다.

최우선적으로 교과 공부에 충실하자!

교과 공부를 열심히 하라는 것은 당연한 이야기다. 대학에서 평가하고자 하는 학업역량은 일단 학생부에 드러난 교과 성취도에서 확인된다. 또한 각 대학이 밝힌 인재상에서 빠지지 않는 성실성을 평가하는 데에도 학생부의 교과 성취도가 큰 영향을 준다. 일단 교과 공부를 열심히 해서 성적을 잘 받는 것이 무엇보다 중요하다.

하지만 입학사정관 서류종합평가에서는 전체 평균 성적을 단순히 양적으로 평가하지 않는다. 교과성적이 오르는 추세라면 전체 평균 성적이 낮아도 학업역량이 우수하다는 평가를 받을 수 있다. 또는 1,2학년 성적보다는 3학년 1학기 성적을 중시하여 평가하는 경우도 있는데, 그 이유는 현재 학생의 학업역량을 가장 잘 보여주는 것이 3학년 교과성적이기 때문이다. 또 전체 평균 성적은 낮아도 전공과 연관성이 높은 과목이 우수하면 좋은 평가를 받을 수 있다. 뿐만 아니라 자기주도적 학습을 충실히 수행한 점이 드러나는 과목에서 성적 향상이 있는 것도 좋은 평가를 이끌어낼 수 있는 부분이다.

따라서 한두 차례 교과성적이 낮게 나왔다고 해서 좌절할 필요는 없다. 일부 학생들은 1학년 1학기 내신에서 좋은 성적을 못 받으면 그 순간부터

교과 공부를 놓아 버리는 경향을 보이기도 한다. 첫 단추를 잘못 끼운 것에 대해 실망하는 학생의 마음은 이해가 가지만 앞으로 얼마든지 좋은 평가를 받을 수 있는 기회는 있다. 포기하지 말라.

내신 8등급이 연세대를 갔다고?

항간을 떠들썩하게 했던 뉴스 중에 내신 8등급인 학생이 연세대에 당당히 합격했다는 소식이 있었다. 연세대 입학사정관전형 중 창의인재전형으로 합격한 이 학생의 사례는 두고두고 회자되면서 입학사정관전형에 내신이 필요없다는 오해를 불러일으켰다. 어찌 보면 학생들이 내신 공부를 하기 싫은 이유 중 하나로 이 학생의 사례를 들며 내신이 좋지 않아도 상위권 대학에 합격할 수 있다는 이야기를 하고 있는 것이 아닌가 하는 생각이 든다.

이 학생은 선천적인 안과 질환 때문에 내신성적이 좋을 수가 없었다. 그러나 곤충에 대한 비상한 관심으로 잘못 알려진 곤충을 6종이나 찾아내 생물학연구센터에 신고하고, 전문 연구자 수준의 논문을 작성했다. 선천적 질환 때문에 내신성적이 좋진 않지만 자신이 관심 있는 분야에서 확실한 학업 및 전공역량을 보여준 것이다. 이 학생이야말로 학문하려는 자세를 잘 보여준 학생이라고 할 수 있다. 만일 이 수준의 뛰어난 탐구 역량을 갖추지 못했다면 교과성적이 부진한 상태에서 입학사정관전형에 합격하는 것은 불가능하다.

물론 창의인재전형은 내신성적을 반영하지 않는다. 하지만 내신성적을 반영하지 않는 전형은 연세대 창의인재전형과 경희대 창의적 체험활동전형 단 두 가지밖에 없다. 그리고 모집인원이 매우 적다. 2014학년도에 연세대 창의인재전형은 20명, 경희대 창의적 체험활동전형은 40명을 선발한다. 극히 작은 가능성을 바라보며 교과성적을 게을리하는 것은 도박사가 할 일이지 학생들이 할 일은 아니다.

교과 공부를 새롭게 하자!

학생부에서 교과성적만큼이나 중요한 부분이 '교과학습 발달상황' 중 '학년별 세부능력 및 특기사항'이다. 이 항목은 학생부에서 가장 긴 분량을 차지할 정도로 상세하게 교과별 학업 성취와 수업 참여도, 자기주도학습 현황 등을 기록하게 되어 있다. 현재 입학사정관 서류종합평가에서는 3학년 1학기까지의 '학년별 세부능력 및 특기사항'이 반영된다. 세부능력 및 특기사항은 교과별 담당교사 및 담임교사가 작성하도록 되어 있다.

세부능력 및 특기사항 항목은 일종의 정성평가 기록이다. 학생이 교과 수업 시간에 어떤 모습을 보여줬으며, 어떤 활동을 했는지, 그리고 자기주도적인 학습을 위해 어떤 노력을 했는지가 기재된다. 결국 수치와 점수로 표현되지 않는 학업역량이 드러나는 것이다.

따라서 객관적인 성적도 중요하지만 수업에 참여하는 태도와 구체적인 학습활동도 중요하다는 것이다.

문제는 이 중요한 항목을 교과 및 담임교사들이 작성하면서 큰 어려움에 직면한다는 점이다. 일단 기재할 내용이 없는 게 가장 큰 문제다. 눈에 띄는 것은 없지만 시험공부는 열심히 해서 중간·기말 고사 성적은 좋다. 그런데 도대체 정성평가로 무엇을 기재해야 할까?

'열정과 관심을 가지고 해당 교과수업에 참여하고 높은 성취를 이루었다'거나 '타고난 성실성과 적극성으로 주어진 문제를 해결하고 높은 지적 욕구를 발휘하여 우수한 성과를 거두었다'는, 지극히 추상적이고 식상한 내용만 기재할 수밖에 없다.

또는 '문학 교과에 각별한 관심을 가지고 문학수업에 참여하여 고전 문학과 현대 문학을 통해 화자의 의도와 정서, 표현상의 특징, 서사와 시상의 전개 방식에 대한 수준 높은 학습을 진행했다'는 내용은 그 학생이 아닌 수업의 특징을 보여주는 내용이다. 또한 '방과 후 논술 수업에 적극적으로 참여하여 현대 사회의 인간소외 문제, 빈부격차와 불평등 문제, 공리주의와 사회정의 문제에 대한 수준 높은 토론을 진행하였으며, 자신의 생각을 논리적으로 밝히는 우수한 논술 실력을 발휘하여 2학기 논술경시대회에서 우수상을 수상하였습니다'와 같은 내용 역시 수업의 특징을 보여준 것이다. 그나마 수상 실적은 의미가 있지만 어차피 학생부 수상 실적에 충분히 드러나 있는 내용을 반복했을 뿐이다. 추상적이고 반복적인 내용은 서류종합평가에서 의미 없는 내용일 뿐이다.

이런 상황을 두고 교사들이 학생의 특징을 하나하나 면밀하게 관찰하지 않는다고 불평하는 것은 곤란하다. 학생의 특징이 없기 때문에 기재할 내용이 없는 것이다. 그나마 교사들이 최대한 내용을 만들어서 세부능력 및 특기사항 항목을 채우고 있는 현실이다.

학생들이 해야 할 일은 선생님이 학생부에 기재할 내용을 만들어주는 것이다. 이를 위해 교과 공부를 새롭게 해야 한다. 즉 수업 시간에 다른 학생이 하지 않는 새로운 시도를 함으로써 학생부에 구체적으로 기재할 수 있는 내용을 만들라는 것이다. 국어, 문학이나 사회 교과 시간에 선생님이 강조하신 내용이나 교과서에 소개된 책을 찾아 읽고서 담당 선생님께 간단한 서평을 제출할 수도 있다. 수업 시간에 나온 어려운 개념과 관련하여 이해를 돕는 사례 같은 것들을 신문 기사와 인터넷 정보에서 찾아 정리해보자. 그리고 담당 선생님께 제출하여 학생들과 공유할 수 있다. 국어와 문학시간에 배운 시인의 다른 좋은 작품을 찾아서 선생님께 문학적인 의견을 물을 수도 있다.

무엇보다 선생님이 주시는 수행평가 과제는 탐구활동의 좋은 기회다. 학생들은 수행평가를 귀찮은 일쯤으로 여기고 충실하게 준비하지 않는다. 분명 3주라는 준비 기간을 주었음에도 하루이틀 남기고 부랴부랴 과제를 한다. 이런 자세로는 차별화된 수행평가를 할 수 없으며 학생부에 기재할 수 있는 내용도 없다.

모든 수업에서 창의적인 활동을 하기는 어려울 것이다. 그러나 자신이 관심을 가지고 있고 미래의 진로와 연관성이 있는 수업만큼은 다른 학생들과 다르게 새롭고 창의적인 시도를 해야 할 것이다.

서울대가 2014학년도 입시 계획에서 체육, 예술활동도 평가에 반영한다고 공지하는 바람에 학부모들 사이에 다시 한 번 온갖 풍문이 난무했다. 서울대가 1인 2악기 교육을 하는 자사고나 특목고를 우대하려고 한다거나 서울대가 고급 악기를 다룰 수 있을 정도의 고소득층 가정 학생을 뽑으려고 한다는 등의 근거 없는 풍문이 떠돌았다. 하지만 서울대가 밝힌 바와 같이 서울대는 원래부터 체육, 예술활동에 대한 평가를 진행해왔으니 전혀 새로운 일이 아니다. 체육, 예술활동을 평가에 반영한다는 것은 이런 활동이 필수라는 말이 아니라 체육, 예술활동에서 소양과 인성을 보여준 학생의 경우 평가에 반영한다는 이야기다.

결론은 간단하다. 학교 수업은 모든 활동의 원천이다. 어느 과목 하나 무시하지 말고 새로운 방식을 고민하여 수업에 참여하면서 진지하게 임하는 자세가 서류종합평가를 준비하는 가장 기본적인 전략이다.

교사는 학생에 대한 평가자며, 학생의 멘토다

학원 강사는 대학입시를 성공시키기 위한 모든 수단을 동원하여 서비스를 제공하는 것을 업으로 삼고 있다. 그런데 학생과 학부모들이 학교 교사를 학원 강사처럼 대하고 있으니 참으로 난감한 일이다. 즉 학생이 좋은 대학에 갈 수 있도록 온갖 서비스를 다해야 하는 의무를 지닌 사람으로 교사를 이해한다.

학교 교사는 물론 진학 지도 역할도 한다. 하지만 더욱 중요한 교사의 역할은 학생에 대한 평가자라는 것이다. 대부분의 학생과 학부모들이 망각하고 있는 것이 바로 이 부분이다. 학부모와 학생은 교사가 학생부에 좋은 내용만 기재하고 우수하다는 평가를 해줘야 한다고 생각하지만 교사는 학생을 평가하는 권한이 있다. 즉 수업 시간에 항상 졸고 있는 학생에게 수업 참여도가 불량하다고 평가할 수 있는 것이고, 수행평가를 대충 한 학생에게 창의성이 부족하다는 평가를 내릴 수 있다. 이와 같은 교사의 평가는 입학사정관 서류종합평가에 결정적인 영향을 미치는 내용이다.

교사와 학생의 관계는 대학이 학생의 인성과 잠재력을 평가하는 중요한 근거가 된다. 가령 학생이 교사에게 전공 관련 상담을 하고 끊임없이 학문적인 질문을 하며 수업에 열성적으로 참여했다고 하자. 이는 이 학생이 학문 탐구와 관련해 중요한 의미가 있는 '관계 설정'에 자질이 있다는 사실을 보여준다. 자연과학과 달리 인문학과 사회과학은 혼자 열심히 연구하는 학문이 아니라 다양한 사람들과 네트워크를 형성해야 하는 학문이다. 따라서 관계 형성은 매우 중요한 능력 중 하나다.

대학에서 공부할 때도 교수와 학생의 관계는 굉장히 중요하다. 스스로 교수를 찾아와 토론하고 수업 시간에 열성적으로 참여하는 제자에게 우수한 평가는 물론 학문적 지원을 아끼지 않는다. 교사와의 관계를 훌륭하게 맺어온 학생은 대학에서도 우수한 성취를 이룰 수 있다.

활동을 전략적으로 분산 투자하자!

전략적인 활동 관리의 기본 중 기본으로 교과 수업에 충실해야 한다. 교과 수업에 충실하면서 새롭고 창의적인 수업 참여를 기획하고 실행한다면 그 것만으로도 우수한 평가를 받고 대입에 성공할 수 있다. 하지만 이는 어디 까지나 상위권 대학을 제외했을 때의 이야기다. 상위권 대학의 다양한 전형을 대비하려면 교과 공부는 물론 자기주도적인 탐구활동 등을 통해 학업 및 전공역량을 드러내야 한다.

학생들이 할 수 있는 활동은 몇 가지로 압축된다. 독서, 연구활동, 봉사활동, 동아리 및 학생회, 그리고 개인적인 학업 관련 활동들이다.

그렇다면 이렇게 다양한 활동을 어떻게 배치하고 수행하면 좋을까? 우선 활동 배치 전략의 기본 원칙은 '분산 투자'다. 지나치게 하나의 활동에만 집중하거나 여러 활동을 하더라도 하나의 역량만을 강조하는 것은 옳지 않다. 서류종합평가는 학생의 역량을 다양한 각도로 평가하고 있으며, 평가 항목도 다양하다. 따라서 한 방향으로만 편중된 학생이 좋은 평가를 받기 어려울 수 있다.

가령 독서와 연구활동, 학업역량 관련 개인활동을 수행하여 학업 및 전공역량 쌓기 활동을 충실히 했다면 봉사활동과 동아리활동은 인성적인 자질을 드러낼 수 있는 활동으로 배치하는 것이 타당하다.

만일 활동을 전공역량 쪽으로만 치중한다든지 학업 관련 개인활동에만 집중한다면 리더십과 협동성, 배려와 같은 덕목이 결여되어 있는 학생으로 오해받을 수 있다.

독자는 의문을 가질 수도 있다. 경시대회와 토론대회나 모의유엔, 모의국회와 같은 체험 행사가 빠져 있기 때문이다. 물론 이런 것들도 모두 학생의 학업 및 전공역량을 드러낼 수 있고, 참여 사실과 수상 기록은 좋은 평가를 받을 수 있는 부분이다.

그러나 이러한 활동들은 교과 공부나 독서, 연구활동의 결과물이지 활동 그 자체로 보아서는 안 된다. 즉 교과 공부를 열심히 하고 전공진로에 대한 탐구활동을 열심히 수행한 결과로 경시대회나 올림피아드 입상, 대회 입상이 의미가 있다는 뜻이다.

만일 경제 경시대회에서는 입상했으나 경제학과 관련된 탐구활동은 하지 않은 학생은 전공역량 면에서 좋은 평가를 받기 어렵다. 철학 올림피아드가 가끔 거론되는데 이 경우에는 평소 풍부한 독서와 자기주도적인 고민이 없다면 입상이 사실상 불가능하다. 사교육이 학생의 충실한 역량을 증폭시켜줄 수는 있지만 역량이 부족한 학생을 입상하도록 만들어줄 수는 없는 노릇이다. 그러니까 중요한 것은 독서와 연구활동과 같은 탐구활동의 수행이지 경시대회 자체가 아니라는 말이다.

모의유엔, 모의국회나 각종 캠프의 참여 역시 전공 탐색의 기회를 제공하는 것이지 학업 및 전공역량 쌓기 활동이 될 수는 없다. 학생들은 이러한 행사에 참여함으로써 전공에 대한 관심을 키워서 독서나 연구활동을 해야 한다. 단순히 어느 행사에 참여했다는 것만 내세운다면 전공 탐색은 열심히 했지만 전공역량을 갖추려는 노력은 하지 않았다는 사실을 드러낼 뿐이다.

학생들에게 독서, 연구활동, 봉사활동, 동아리 및 학생회, 학업 관련 개인활동을 전략적으로 배치해서 수행하라고 하면 "시간이 없는데 이 많은 것을 어떻게 하죠?"라는 볼멘소리가 나온다. 학생들에게 시간이 없는 것은 사실이다. 하지만 그렇게 시간이 없다고 하소연하는 학생들이 공인어학점수에 매달리고 AP나 한국사, 한자 인증시험 공부와 경시대회, 토론대회 준비에 여념이 없다. 리더십 캠프, 전공 탐색 캠프, 글로벌 리더 캠프와 같이 이름이 멋져 보이는 캠프에는 모두 참석한다. 정말 시간이 없는 것일까? 무의미한 '스펙 따기'에 허비하는 시간을 아긴다면 보다 충실하게 학업 및 전공역량 쌓기를 할 수 있지 않을까?

언제까지 체험하고 탐색만 하고 있을래?

서울 소재 A고등학교에는 다양한 진로체험활동이 있다. A군은 학교에서 단체로 참여하는 각종 진로체험활동을 하면서 전공에 대한 관심을 발전시킨다. 서울에 살다 보니 대학에서 실시하는 캠프에 참여하기도 쉬워서 각종 캠프 참여 이력이 화려하다.

지방 소재 B고등학교에는 입학사정관전형과 관련한 프로그램이 없다. B양은 막연하게 사회과학을 공부하고 싶은데 특별한 활동을 할 수 있는 것이 없어 걱정이다. 사회 선생님이 주신 전공 서적을 몇 권 읽으면서 경제학을 공부해야겠다는 생각을 하고 선생님께 전에 읽었던 책과 관련된 책을 추천해달라고 했다.

입학사정관 서류종합평가에서 우수한 평가를 받는 학생은 B양이다. 전공 탐색이 중요하긴 하지만 반복적으로 탐색만 한 학생에게는 활동이 미흡하다는 평가가 주어질 것이다. 가장 기본적인 독서활동을 차근차근 수행한 B양은 학문하려는 자세가 되어 있다는 평가를 받을 수 있다.

상위권 대학에 지원하려면 달라야 한다!

지방 광역시 소재 고등학교에 다니는 C는 내신성적과 수능성적 모두 우수한 학생이었다. C는 학교생활을 충실히 했고 개인적인 특별한 성과는 없지만 영어연극 동아리활동도 수행했다. 학급 회장도 1,2학년 두 차례나 했다.

하지만 C에게는 눈에 띄는 학문적 탐구활동이 전혀 보이지 않았다. 영문학을 전공하겠다면서 영문학 고전 작품 하나 제대로 읽은 것이 없었다.

C에게 상위권 대학 서류종합평가를 노리는 것은 불가능하지만 대학을 낮춰서 입학사정관전형에 지원하면 충분히 합격할 수 있다고 조언했다. 하지만 C는 연·고대 아래로는 지원할 마음이 없었다.

이러한 상황은 상위권 학생 상당수가 하고 있는 고민거리다. 결국 C는 서울대, 연세대, 고려대의 서류종합평가에서 모두 낙방했다. 대학에 갈 수 있는 길은 서류종합평가가 아닌 길도 많다. 하지만 서류종합평가로 상위권 대학을 노린다면 기본적인 학교생활 외에 진지한 학문적 탐구활동이 반드시 필요하다.

불리한 내신도 뒤집는 학문적 소양의 힘!

유명 특목고에서 벌어진 일이다. 상위권 대학 영문학과에 지망한 학생 중 내신성적이 2등급 정도 되는 학생은 낙방하고 4등급 학생이 합격했다. 4등급 학생이 불리한 내신성적을 극복하고 합격한 이유에는 학문적 소양과 역량이라는 중요한 요소가 숨어 있었다. 이 학생은 평소 영어 시를 읽으면서 창의적인 방법으로 공부했다. 또한 영문학의 주요 고전을 중심으로 충실하게 독서했고 꾸준히 서평을 기록했다. 가끔은 영문학 서적을 원서로 읽으면서 영어영문학에 대한 역량을 쌓아왔다. 이 학생은 인문학이 가장 중요시하는 학문에 대한 애정과 열정을 자신의 활동을 통해 진실성 있게 보여주었고, 그로 인해 합격의 기쁨을 누릴 수 있게 된 것이다.

집중적이고 연속적인 독서를 하라!

학생들은 주로 학기말에 책을 읽는다. 담임선생님이 독서 이력을 제출하라고 하면 그때부터 책을 읽는다. 학생들의 독서 이력에서 나타나는 가장 큰 문제는 관심사나 전공진로가 무엇인지 알 수 없을 정도로 읽은 책들이 일관적이지 않다는 점이다. 목록을 채우는 주된 독서 이력은 한국 현대 문학 작품들이 많다. 물론 학년이 올라가면 서양의 고전 작품도 눈에 띈다. 그러나 이 학생이 문학에 대한 진지한 관심과 고민을 자신의 진로와 연계하여 보았는가 하면 전혀 그렇지는 않다. 수업 시간에 소개되었던 작품들을 목록에 적기에 급급했기 때문에 책을 읽고 느낀 점도 추상적이고 일반적인 수준에 머물고 있다.

평소 독서를 좋아하는 학생들도 독서 이력이 중구난방인 경우가 많이 있다. 무작정 책을 읽기 때문에 발생하는 문제다. 독서는 전공역량 쌓기 활동 중 가장 기본적이고 필수적인 활동이다. 이렇게 중요한 활동을 하면서 손 가는 대로 이 책 저 책 읽는다면 그저 교양을 쌓은 계기만 될 뿐 그 이상의 평가를 받을 수 없다.

가령 경제학 관련 도서인 《넛지》를 읽고, 베스트셀러인 《남한산성》을 읽고, 친구들이 재미있다는 《적의 화장법》을 읽고, 고전으로 추천받은 《데미안》을 읽었다면 도대체 어떤 진로를 추구하는지, 무엇에 관심이 있는지 알 수가 없다. 30~40대 직장인이 여가 차원에서 읽는 독서 이력을 서류종합평가를 준비하는 학생이 가지고 있는 셈이다.

고민의 흔적이 없는 도서의 나열은 의미 없는 활동에 불과하다.

자신의 전공진로와 관련된 독서를 많이 한 경우는 상당히 훌륭한 학생이다. 경제학에 관심이 있어서 경제학 관련 도서를 많이 읽은 학생은 아무래도 전공역량을 충실하게 쌓아온 학생으로 평가받을 수 있을 것이다. 하지만 여전히 한계가 남는다. 학생들이 많이 읽는 전공 관련 도서는 다양한 내용을 백화점식으로 소개하거나 간단하게 제시하는 경우가 대부분이다. 혹은 교과서와 같이 많은 내용을 망라하고 있는 경우도 있다. 따라서 이런 책들을 반복적으로 읽은 것은 경제학에 대한 탐색을 반복적으로 하고 경제학에 대한 '교양'을 쌓았다는 것을 의미할 뿐이다. 책 속에서 자신의 구체적인 관심 지점을 찾아서 그와 연관된 심화된 독서로 발전해 나가야만 한다.

학문적 탐구란 책 한 권으로 끝나는 일이 아니다. 한 권의 책을 읽고 나면 다른 책을 읽어야겠다는 생각이 들면서 책 읽기가 계속해서 이어진다. 구체적인 주제나 이슈에 관심이 있다면 그와 관련된 독서가 계속될 수밖에 없다. 하나를 알면 열 가지가 궁금해지고 열 가지를 알고 나면 백 가지가 궁금해지는 것이 학문의 과정이다.

그래서 독서활동은 한 학기 혹은 한 학년을 단위로 장기적인 계획을 세우는 게 좋다. 가령 기업의 사회적 책임 문제에 관심이 있다면 먼저 쉬운 입문서를 읽은 뒤 기업의 성공 사례를 찾을 수 있는《좋은 기업을 넘어 위대한 기업으로》에서 출발하여《사랑 받는 기업의 조건》등을 읽어볼 수 있다. 나아가 사회적 책임론을 비판하는 책도 읽어볼 수 있다.

가능하면 주제나 이슈는 진로 관리 전략에 따라 전공 간 연계가 가능한 게 좋다. 가령 경제학과 중어중문학을 동시에 고려하고 있다면 현대 중국의 경제성장을 주제로 집중적인 독서가 가능하다. 주제를 더 좁혀 나가면 중국의 자원 무역 전략이나 지방 개발 계획과 같은 구체적이고 참신한 주제를 찾을 수 있다. 이처럼 두 개 이상의 전공 연계는 차별화된 독서를 할 수 있는 기회가 된다.

학자나 작가에 집중하는 독서 전략도 좋다. 특히 어문학에 관심이 있는 경우에는 작가를 중심으로 집중적인 독서를 하는 것이 효과적이다. 가령 서어서문학에 관심이 있다면 한 학기 정도 집중적으로 가브리엘 가르시아

마르케스의 작품 세계를 집중 조명하는 식이다. 러시아 문학에 관심을 가진 학생이라면 도스토예프스키나 톨스토이의 작품을 집중 탐구하는 것도 좋고 이반 부닌이나 체홉의 작품을 집중 탐구하는 것도 좋다.

사회과학의 경우도 마찬가지다. 다소 어렵기는 하지만 1년 정도의 기간을 두고 특정 학자나 특정 학파의 이론을 집중적으로 탐구하여 이에 대한 비판적인 접근을 시도한다면 매우 훌륭한 탐구활동이 된다. 가령 경제학이나 정치외교학에 관심이 있다면 프리드리히 하이에크의 저작을 살펴보고, 그의 추종자나 반대자들의 이론까지 함께 본다면 상당히 좋은 평가를 받을 수 있다.

인류의 지성사에 길이 남을 만한 고전을 읽는 것은 최고의 탐구활동이다. 고등학생이 수행할 수 있는 가장 이상적인 독서의 답은 단언컨대 고전에 있다. 하지만 고전을 고등학생 혼자 읽으면서 이해하기는 어렵다. 만일 어떤 학생이 임마누엘 칸트의 저작을 읽으면서 큰 감명을 받았다고 한다면 그 진실성을 의심하게 된다. 전문 연구자들도 읽기 어려운 저작을 고등학생이 읽고 이해했을 것이라고 생각하는 사람은 드물다.

'서울대 권장 도서 100선'을 보면 온통 고전이다. 플라톤의 《국가》, 아리스토텔레스의 《니코마코스 윤리》, 데카르트의 《방법서설》과 같은 고전은 그래도 시도해볼 만할지 모른다. 하지만 마르크스의 《자본론》, 칸트의 《실천이성비판》과 푸코의 《감시와 처벌》, 맥루언의 《미디어의 이해》 등은 고등학생 수준에서는 한 페이지를 넘기는 것조차 힘겨운 책들이다.

그래서 학생과 학부모가 고전 읽기에 대한 강박관념을 가지고 독서 목록에 서울대 권장도서를 채우려고 시도하는 것은 위험한 발상이다. 서류종합평가 과정에서 그 진위가 쉽게 드러나며, 면접을 거치면 부실한 독서를 했다는 사실이 적나라하게 드러난다.

그럼 고전은 읽지 않는 것이 좋을까? 아니다. 읽어야 한다. 단, 기간을 길게 잡아야 한다. 어려운 고전 한 권을 읽으려면 적어도 한 학기라는 시간에 걸쳐 공부한다고 생각해야 한다. 고전을 해설해주거나 고전을 비판하는 관련 도서들을 2~3권 정도 함께 읽으면 상당히 높은 수준의 지적 성취를 이루게 될 것이다. 실제로 플라톤의《국가》는 서울대 정치외교학과에서 한 학기에 걸쳐 학생들이 토론하면서 읽는 책이다.

마지막으로 독서와 관련하여 강조하고 싶은 것이 바로 '양보다 질'에 신경 쓰라는 것이다. 단순히 양만 많은 독서는 좋은 평가를 받기 어렵다. 한 학기에 두세 권이라도 좋으니 진지한 과정을 보여줄 수 있는 독서 이력이 훨씬 좋다. 책을 읽었으면 반드시 연구활동으로 성과를 남기거나, 서평을 작성해야 한다. 그리고 이 성과를 담임교사에게 제출하여 학생부에 반영될 수 있도록 해야 한다.

일선 고등학교에서는 학생들의 독서를 장려하면서 독서기록 평가나 독서 감상문 평가를 한다. 이런 평가 때문에 학생들은 '다독(多讀)', '오거서(五車書)'를 목표로 독서량을 불리는 데에 집중한다. 독서우수상과 같은 상을 주는 기준이 몇 권의 책을 읽었는가에 집중하기 때문이다. 하지만 독서량으로 주는 독서우수상이라면 상위권 대학을 노리는 학생들은 그냥 포기하라고 권유하고 싶다.

자기소개서에 3권 정도의 독서활동을 기재하고 싶다면 가장 좋은 구성은 자신이 선택한 전공진로 분야 도서 1권, 전공진로와 연관성을 가지고 함께 관심을 가졌던 분야 1권, 두 분야의 융합에 대해 다룬 1권으로 구성하는 것이다.

여기서 주의사항이 있다. 누구나 독서 이력으로 제시할 만한 식상한 도서는 피하는 것이 좋다. 《바보처럼 공부하고 천재처럼 꿈꿔라》, 《정의란 무엇인가》, 《지도 밖으로 행군하라》, 《7막 7장》, 《연금술사》, 《아프니까 청춘이다》 등 평가자가 몇 년째 수백 번은 보았을 법한 독서 이력으로 차별화가 가능하겠는가? 게다가 성공술이나 처세술을 다룬 책, 공부법을 다룬 책이 학생에게 가장 중요한 독서활동으로 내세울 만한 것인지 생각해보아야 한다.

심도 있고 차별화된 연구활동을 기획하라!

흔히 논문 쓰기로 이해되는 연구활동은 기본적으로 독서의 결과다. 인터넷에 떠도는 자료를 모으는 방식은 안 한 것보다 못하다. 논문 쓰기는 독서를 통해 해당 주제에 대한 탐구활동을 수행하고 그 결과물을 정리하는 것으로 이해해야 한다.

학생들은 논문을 여러 편 쓰면 유리하다고 생각하지만 서류종합평가에서는 논문의 개수를 세지 않는다.

연구활동은 고등학교 재학 중 1~2편 정도가 좋다. 적어도 관련 주제에 대해 1년 정도의 시간을 두고 이루어진 독서의 성과를 논문으로 정리한다. 일단 내용을 잘 정리하고 그에 대한 본인의 비판이나 평가를 하는 것이 기본적인 논문 작성의 방법이다.

또한 이론을 구체적인 현실에 적용해보는 시도를 하라. 구체적 현실은 멀리서 찾을 필요가 없다. 학교 매점의 효과적 경영 방안을 연구해볼 수도 있고, 학교 앞 상권을 활성화시킬 수 있는 방안을 마련해볼 수 있다. 학교에서 발생하는 쓰레기 감축 방안을 심리학 이론과 접목시켜서 제시해볼 수도 있고, 학교 주변환경을 개선하기 위한 방안을 제시해볼 수도 있다.

구체적인 현실 적용을 위해서는 먼저 자신이 살고 있는 지역에 관심을 갖는 것이 필요하다. 가령 지역 내의 문화유산에 대해 관심이 있다면 문화유산 관리나 관광객 유치, 관광상품 개발과 같은 다양한 제안을 도출할 수 있을 것이다. 만일 낙후된 지역에 살고 있다면 지역 경제를 활성화시킬 수 있는 친환경적 대안이 무엇인지 따져볼 수도 있고, 지역 주민의 복지 향상을 위한 저비용 고효율의 대안이 무엇일지 생각해볼 수도 있다. 이처럼 생활 속에서 문제의식을 가지고 탐구해볼 수 있는 주제는 많이 있다.

여기서 중요한 것은 자신의 전공진로와 학문적 연관이 있어야 한다는 것이다. 만일 버스 노선이나 공원에 대한 문제의식이 자신의 전공진로 학문과 연계시키기 어려운 것이라면 논문을 작성하느라 고생할 필요까지는 없다. 학생회활동이나 동아리활동, 혹은 개인적인 차원에서 지방자치단체에 민원을 제기하거나 제안서를 제출하고 학생부에 기재하는 것으로 충분하다.

연구의 주제는 멀고 거창한 것을 피하고 가깝고 소박하게!

학업 관련 개인활동: 발로 뛰는 학업역량 쌓기!

독서와 연구활동 이외에 개인활동의 기회도 많이 있다. 특히 어학의 경우 활발한 개인적 활동을 통해 차별화할 수 있다.

우선 자신만의 외국어 학습 방식을 정하고 꾸준히 실천하는 것이 가장 좋은 개인활동이다. 단어 외우기, 오답 노트 만들기, 하루 30분 영어 듣기 같은 공부법을 말하는 것이 아니다. 학생들이 가장 쉽게 할 수 있는 활동이 영자신문 칼럼 스크랩이다. 주 2~3회 꾸준히 영자신문의 칼럼을 스크랩하여 읽고 영어로 자신의 의견을 달아보는 연습을 2년 정도 꾸준히 한다면 성실함과 자기주도성, 어학 역량에 대해 이견을 다는 평가자는 없을 것이다. 영자신문의 칼럼과 기사는 경제, 정치, 사회, 문화 각 영역을 망라하고 있기 때문에 학생 자신의 전공진로와도 연관이 있다. 따라서 전공 관련 역량을 쌓는 활동으로서도 의미가 있다.

또한 문화원을 정기적으로 방문하는 것도 매우 좋은 방법이다. 외국의 대사관이 운영하는 문화원들은 어학 관련 교육 프로그램과 함께 자국의 문화를 소개하는 프로그램을 운영하고 있다. 만일 방과 후에 문화원에서 진행하는 어학 프로그램에 참여할 수 있다면 어학 역량 쌓기 활동으로 인정받을 수 있다.

자신의 전공진로와 관련해서도 개인활동을 할 수 있다. 이것 역시 신문이나 잡지를 스크랩하고 자신만의 분석이나 평론을 달아보는 방식을 추천한다. 국내 일간지나 저널도 좋지만 《르몽드 디플로마티크》와 《이코노미 인사이트》를 추천하고자 한다. 세계적인 견지에서 정치, 경제, 사회, 문화의 문제를 다루고 있는 두 월간지는 비교적 수준 높은 저널로 인정받고 있다.

학생이 관심을 갖고 있는 전공진로와 관련한 학회나 연구소를 찾아보는 것도 좋은 방법이다. 관련 학회와 연구소에 미리 연락을 하고 연구자를 만나 조언을 듣거나 연구소에서 진행하는 학술 행사에 참여할 수 있다. 지방에 살고 있는 학생이라면 지역에 있는 대학에서 개최되는 심포지움이나 세미나를 찾는 것도 좋다.

학업역량과 관련된 개인활동은 성격상 주의해야 할 부분이 있다. 반드시 자신의 활동을 담임교사와 교과 담당 교사에게 알리고 승낙을 받아야 한다. 그리고 추후 성과를 제출하여 꼭 학생부에 기재되도록 해야 한다.

봉사활동: 상상력이 필요해!

주로 시간 채우기로 인식하는 봉사활동은 사실 무궁무진한 가능성이 열려 있는 핵심활동 중 하나다. 조금만 상상력을 발휘하면 전공역량과 인성 모두를 보여줄 수 있다.

봉사활동을 하는 가장 중요한 원칙도 지속성과 진실성이다. 지속적으로 하나의 활동에 집중하도록 하자. 가령 고아원 아이들을 돌보는 학생이 진실하다면 다음에도 그 아이들이 보고 싶고, 또 도와주고 싶지 않겠는가?

조금만 더 상상력을 발휘해보자. 저소득층 가정의 아이들을 꾸준히 가르치거나 돌본 학생은 교사로서 인성과 적성이 충분하다고 평가받을 수 있다. 자신이 전공진로와 연관된 과목을 가르치고 교육 방식을 개발해본다면 전공역량 면에서도 상당히 우수한 활동을 수행한 것이 된다.

또는 아이들에게 세계의 동화를 가르치기 위해 자신이 공부하고 있는 제2외국어로 쓰인 동화를 번역하여 간단한 동화집을 만들어보았다면 봉사활동이 어학 역량을 발전시킨 계기가 될 수 있다.

또한 꾸준하게 활동할 봉사 단체를 정하는 방법도 있다. 국제 원조와 관련된 단체에서 자원봉사 활동을 하는 것이 외교분야 전공진로에도 부합하면서 학생의 순수한 봉사 정신을 더 잘 보여줄 수 있을 것이다. 유니세프, 유네스코와 같은 국제기구는 물론 세이브더칠드런, 월드비전, 굿네이버스 등 국제 구호와 관련된 봉사 단체는 많이 있다.

　단체의 캠페인을 지원하거나 학교에서 후원 캠페인을 진행하는 등 할 수 있는 일도 많이 있다. 만일 국내 후원자들이 쓴 편지를 영어로 번역하여 해외에서 도움을 받고 있는 이들에게 전달되도록 한다면 외국어 역량을 보여줄 수 있다. 게다가 기아와 빈곤 문제에 대한 고민은 경제학, 정치학, 사회학, 사회복지학 등 거의 대부분의 전공진로와 연관되는 문제이기 때문에 전공역량 쌓기 활동과 자연스럽게 연결할 수도 있다. 이런 견지에서 환경 단체에서 자원 봉사를 하는 것도 매우 좋은 봉사활동이 될 것이다.

봉사활동 계획 어떻게 수립할까?

순수한 정신과 이웃에 대한 관심에서 비롯하는 봉사이지만 서류 종합평가를 준비하는 학생들은 항상 전략적인 마인드를 잊지 않아야 한다. 어떤 봉사가 자신에게 맞는 봉사인지 미리 생각하고 지속적인 계획을 수립할 필요가 있다.

봉사 단체를 찾는 것은 정부에서 운영하는 자원봉사 포털 사이트인 '나눔 포털 1365(http://www.nanumkorea.go.kr)'에서 가능하다. 홈페이지에서 자원봉사 수요처를 찾아보면 정말 많은 자원 봉사 단체가 있다는 사실을 알 수 있다.

학생은 자신이 살고 있는 지역을 설정하여 가능한 봉사활동 단체가 무엇이 있는지 살펴본 후 자신의 역량이나 인성을 잘 보여줄 수 있는 봉사활동을 선택하면 된다. 나눔 포털을 통해 신청하고 수행한 봉사활동은 학교에 따로 계획서를 제출할 필요가 없기 때문에 간편하다.

하지만 어떤 활동을 할지에 대해서는 반드시 사전에 담임교사에게 알리고 상담을 받은 후 진행하는 것이 좋다.

동아리: '반드시'라는 생각은 버려라!

학생들에게 자주 듣는 질문 중 하나가 "어떤 동아리를 선택하는 것이 유리할까요?"다. 결론부터 말하면 입시에 유리한 동아리, 유리하지 않은 동아리의 구분은 없다. 제대로 활동했는가 아닌가의 차이가 있을 뿐이다.

학생들은 주로 경제경영 동아리, 영어회화 동아리, 영자신문 동아리, 영어토론 동아리, 시사토론 동아리를 선호한다. 뭔가 학업에 도움이 될 것 같고 자신이 꿈꾸는 전공진로에도 잘 맞는다고 생각하기 때문이다. 물론 이런 종류의 동아리들은 학업 및 전공역량 쌓기를 위해 좋은 기회를 제공해 준다. 하지만 중요한 점은 동아리에 적극적으로 참여하여 충실한 활동을 수행하고 이를 성과로 남겨야 한다는 점이다. 가령 영어토론 동아리에서 1년간 수준 높은 영어토론을 진행했다면 매 시간 주제에 대한 에세이들이 성과로 남아야 할 것이다. 영자신문 동아리가 영자신문을 출간할 때에만 모이는 동아리가 아닐 테니 평소 공부하면서 기사 작성을 연습한 성과물이 남아야 한다. 경제경영 동아리라면 매주 토론한 주제에 대한 평론이나 함께 읽은 책에 대한 독서 서평이 남아야 한다. 그리고 이런 성과들은 학생 개인 각자의 활동 성과로서 학생부와 자기소개서에 기록할 만한 것이어야 한다.

사실 교과 공부에 충실하고 수업에 적극적으로 참여하면서 학업과 전공역량 관련 동아리까지 하는 것은 그다지 좋은 전략이 아니다. 독서와 연구활동이 조금 미흡한 학생이라면 동아리에서 이 부분을 보충해야 하겠지만 이미 독서와 연구활동을 충실히 수행하는 학생이라면 동아리에서까지 전공역량에 신경 쓸 필요는 없다.

오히려 입시에 도움이 안 된다고 치부하는 예술이나 체육 관련 동아리 활동이 다양한 역량을 보여주기에 더 낫다. 문예부, 합창부, 밴드부, 미술부와 같은 동아리는 문화 예술이나 인문학에 대한 소양을 드러낼 수 있는 좋은 기회다. 무엇보다 단체적인 협동이 이루어지는 동아리는 학생의 협동성과 리더십을 드러내는 계기를 마련해준다.

그렇다고 '반드시' 회장이 될 필요는 없다. 회장이 아니더라도 리더십과 협동성을 보여줄 수 있는 계기는 많이 있다.

인문계열 학생에게 과학 동아리도 매력적이다

반드시 경제 동아리, 영어 동아리와 같은 학업이나 전공과 연계성이 강한 동아리를 선택할 필요가 없다는 점을 이해했다면 과학 동아리도 상당히 좋은 활동이라는 사실을 이해할 것이다. 학문 간의 융합과 통섭이 강조되는 상황에서 인문계열 학생이 자연과학에 관심을 갖고 동아리활동을 했다는 것은 상당히 좋은 평가를 이끌어낼 수 있다. 특히 환경 분야, 지구과학 분야, 유전공학 분야와 연관된 동아리는 인문계열 학생들에게 새로운 시야를 제공할 수 있다. 지구과학에 대한 이해는 환경 경영, 환경 경제학 혹은 생태 경제학, 환경정책 및 환경 분야 국제관계를 연구하는 데에 중요한 밑거름이 된다. 인문계열 학생이 과학 동아리에 도전해보는 것은 확실한 차별화 포인트가 될 수 있다.

멋지게 살아온 시간을 기록해보자

고등학생으로서 멋지게 살아온 시간의 구체적인 성과물을 드러내서 보여줄 수 있다면 참 좋을 것이다. 안타깝게도 교과부가 만든 에듀팟이 대학과 학생으로부터 외면받다 보니 학생들이 창의적인 활동성과를 쉽게 보여줄 수 있는 길이 없다. 그래서 추천하는 것이 개인 블로그에 차근차근 성과를 남겨보자는 것이다. 인터넷을 검색해보면 대학생이나 대학원생 혹은 지적인 활동에 관심이 있는 사람들이 개인 블로그를 운영하면서 자신이 읽은 책을 소개하고 그에 대한 평을 붙이는 것을 본 적이 있을 것이다. 이런 블로그에는 독서뿐 아니라 신문이나 저널의 기사를 스크랩하고 거기에 평론을 붙이는 글도 올라온다. 뿐만 아니라 전시회 참여나 영화 감상, 개인적인 활동의 기록까지 텍스트와 사진, 동영상을 활용하여 기록할 수 있다. 대학생들은 자신이 공부하면서 쓴 리포트나 논문을 업로드하기도 하고 수업 시간에 만든 PPT 발표 자료를 올리기도 한다.

　고등학생들도 서류종합평가를 준비하면서 이와 유사한 활동을 하는 것이 좋다. 독서를 했으면 반드시 짧은 서평이라도 작성해야 하고, 독서를 바탕으로 조사를 수행하여 연구활동을 진행한다. 신문이나 저널의 기사를 스크랩하고 평론해보기도 하고, 토론회나 심포지움에 참석하기도 한다. 또한 봉사활동이나 사회활동, 동아리활동 등을 하면서 여러 가지 고민들을 하고 다양한 성과물을 만들어낸다. 바로 이 내용이 곧 학생들의 블로그를 이루는 콘텐츠가 되는 것이다.

블로그는 자료를 업로드한 날짜가 정확히 기재되기 때문에 상당히 진실한 참고 자료가 된다. 블로그에 축적된 내용들이 하루아침에 뚝딱 만들어낸 것이 아니라 장기간에 걸쳐서 차근차근 쌓여온 학생 자신의 성과물임을 보여줄 수 있기 때문이다.

블로그 관리는 몰아서 하지 말고 꾸준히. 시간이 지나면 보물창고가 될 것.

일단 블로그를 개설하면 카테고리를 4~5개 정도로 설정하자. 독서와 연구활동 성과를 담는 카테고리, 스크랩을 담는 카테고리, 봉사활동 기록을 담는 카테고리, 동아리를 비롯한 각종 활동이나 행사를 담는 카테고리, 문화 예술과 관련된 카테고리로 구성하여 그때 그때 성과물이 나오는 대로 업로드하면 된다.

블로그를 위해서 따로 자료를 만든다고 생각하면 안 된다. 오히려 고3이 되어 제출해야 할 성과물을 인터넷에 보관하고 정리하는 것이라고 생각해야 한다. 사실 고3 학생 중 증빙서류, 포트폴리오를 만든다고 귀중한 시간을 낭비하고 있는 경우가 많다. 활동을 충실히 수행해왔으면 증빙서류, 포트폴리오를 만드는 데에 추가적인 시간을 쓸 이유가 전혀 없다. 그러니 처음부터 인터넷에 내용을 기록하면서 미리 정리를 해두는 것이 나중에 시간을 절약하는 길이 될 것이다.

솔직히 대학의 평가자가 학생 블로그에 방문할지는 알 수 없다. 그러나 필자가 만나본 평가자들은 모두 그런 학생이 있다면 반드시 블로그를 참고하겠다는 의사를 보였다. 학생이 자기소개서에 블로그 주소를 적어놓고 자신의 성과물을 솔직하게 정리해왔다고 썼다면 입학사정관이 관심을 갖지 않을 수 없다. 아마도 모든 대학의 입학사정관 역시 같은 생각을 가지고 있을 것이라 믿는다.

4

당부

서류종합평가로 대학에 입학하는 것은 결코 쉬운 일이 아니다. 특히 상위권 대학에서는 더 그렇다. 2년 동안 충실하게 공부하고 활동하지 않았다면 서류종합평가를 노려볼 수조차 없다. 남들과 비슷하게 공부하고 비슷한 활동을 하면서 서류종합평가로 상위권 대학에 가겠다는 생각은 접는 것이 좋다.

하지만 새로운 공부와 지적 탐구, 자기주도적인 학습과 활동을 하면서 즐거움을 누리고 싶은 학생이라면 부담과 공포는 내려놓고 하나씩 자신이 할 일을 고민해보면 된다.

이 책이 제시한 수많은 활동들은 분명 큰 부담으로 여겨질 것이다. 그러나 이 모든 것을 다 해야만 하는 것은 아니다. 우선순위를 정하고 좋아하는 활동, 흥미를 가진 활동에 집중하면 된다. 이때 우선순위 1번은 당연히 학교 교과 공부에 충실한 것이다. 2번은 교과 수업 시간에 적극적이고 창의적으로 참여하는 것이다. 3번은 독서를 통해 지적 탐구 활동을 하는 것이다.

필자가 제시한 전략은 가장 이상적인 형태의 활동 전략이다. 현실에서 수행하다 보면 여러 가지 변형이나 미흡한 부분이 생길 수밖에 없다. 그렇다 하더라도 학생 활동이 구체성, 지속성, 진실성의 원칙을 갖춘다면 매우 우수한 활동으로 인정받을 수 있다.

따라서 이 책이 제시하는 기준에는 미치지 못하더라도 나름 구체성, 지속성, 진실성을 갖추고 있다면 상위권 대학이 아닌 다른 대학에는 합격할 수 있다. 그러니까 지레 겁먹고 포기하지 말자. 서류종합평가를 포기하는 학생에게 대학 가는 길은 더욱 좁아질 뿐이다.

고등학교 2학년과 3학년, 포기는 금물!

고등학교 1학년 시기를 전략 없이 보냈다면 서류종합평가 준비에 한 발 늦은 것은 분명하다. 특히 1년 내내 내신 준비에만 온 시간을 쏟다 보면 반복적인 문제 풀이에만 익숙해져서 창의적인 활동을 하기 어렵다. 하지만 2학년이라면 돌이킬 수 없을 정도로 늦지는 않았다. 아직 1년 남짓 시간이 남아 있으니 그 기간 동안 집중적인 활동을 수행한다면 막판 뒤집기가 불가능하지는 않다.

1학년을 전략 없이 보낸 2학년이라면 지금이라도 빨리 전공진로를 정하고 활동을 수행할 필요가 있다. 이 책의 '전략적 진로 관리'에서 제시한 양 날개 전략 중 하나를 신속히 택하여 자신의 전공진로로 삼아보자. 그리고 이 책의 '전략적 활동 관리'에서 활동의 우선순위를 정해서 효율적으로 활동을 수행해보자.

일단은 독서에 집중해야 한다. 이 책의 [부록]에 소개한 도서 목록에서 전공 관련 입문서를 선택하여 공부하고 또 다른 책들로 발전시켜 나가거나 고전 1권을 선택하여 관련된 책들을 읽어가는 방법 모두 좋다. 사실 1년간 교과 공부에 충실하면서 독서만 충실히 해도 훌륭한 준비다. 특히 2학년 시기에 사회, 역사, 윤리 교과를 공부하는 경우가 많으므로 교과 공부는 물론 수업 시간에 적극적으로 참여하면서 전공에 대한 관심을 키워볼 수 있다. 뿐만 아니라 2학년 시기에 많이 배우는 제2외국어는 학업에 대한 흥미와 자기주도적인 노력을 가장 쉽게 드러낼 수 있는 과목이다. 학교에서 배우는 외국어 공부에 흥미를 가지고 개별적인 활동을 수행하면서 어학 실력을 길러보는 것은 매우 훌륭한 학업역량 쌓기가 될 것이다.

이처럼 2학년부터 준비를 시작한 학생들은 일단 교과 공부, 수업 참여, 독서에 집중하는 것이 좋다. 여기에 봉사나 동아리활동까지 제대로 하려는 것은 다소 무리가 될 것이다. 하나의 활동이라도 충실하게 하는 편이 훨씬 좋다. 가령 동아리는 스포츠나 예술, 취미 관련으로 가볍게 참여하는 편이 나을 것이다.

문제는 3학년이다. 1학년과 2학년 시기를 특별한 전략 없이, 또는 특별한 활동 없이 보낸 3학년은 입학사정관 서류종합평가에서 이미 상당히 멀어져 있는 상황이다. 부랴부랴 급조한 것은 입시에서 통하지 않는다. 서류종합평가 이외의 논술 전형과 같은 수시모집 전형을 준비하는 것이 올바른 선택이다.

만일 어느 정도 활동도 수행했고 나름 입학사정관전형을 준비해온 3학년이라면 이 책의 내용을 통해 몇 가지 검토를 하기를 권한다. 우선 학생 자신의 활동이 스펙이나 단기성 외부 행사 참여에 집중되고 있는 것은 아닌지 검토할 필요가 있다. 전공과 관련된 활동은 많이 했지만 정작 진지한 학문 탐구활동은 전혀 없고 단지 몇 가지 수상 실적, 인증 점수, 행사 참여만 이루어졌다면 결코 좋은 평가를 받기 어렵다. 특히 자기소개서 작성 시에는 반드시 전공과 관련된 탐구활동의 수행에 대해 구체적으로 언급할 필요가 있다.

　따라서 고3 학생들이라면 이 책에서 특히 '전략적 동기 관리', '전략적 비전 관리' 부분을 상세히 읽어보면서 자기소개서 작성 시 주의할 점을 파악할 필요가 있다. 또한 '전략적 활동 관리' 부분에서 강조하고 있는 활동들을 살펴보면서 자신이 수행한 활동이 과연 구체성, 지속성, 진실성을 갖춘 것인지 따져볼 필요가 있다. 그리고 어떤 활동이 입학사정관 서류종합평가에서 중요하게 반영되는지 확인한 후에 자기소개서 작성 시 강조해야 할 내용이 무엇인지 파악해보도록 하자.

　3학년이 되어서 새로운 활동을 하는 것은 다소 무리다. 하지만 3학년 1학기라면 부족한 독서를 보완하는 활동 정도는 할 수 있다. 자신의 전공진로와 관련하여 독서활동이 부실하다고 판단된다면 1학기 동안 2~3권을 읽고 부족한 부분을 채워 나갈 수 있도록 하자.

멘토가 필요해? 선생님이 있잖아!

서류종합평가는 정성평가를 통해 학생의 고교 생활 전반을 다각적으로 평가한다. 간단히 말해 학생의 삶을 평가하는 것이다. 아직 삶에 대한 중심을 잡기에는 어린 학생들에게 방향을 잡아주고 조언을 해줄 수 있는 멘토가 필요하다.

학생에게 최우선의 멘토는 학부모가 될 수 있다. 부모님과 의사소통이 원활하고 부모의 조언에 귀 기울이는 학생이라면 부모가 멘토 역할을 하면 된다. 하지만 누구보다 멘토의 역할을 잘해줄 수 있는 사람은 담임교사 혹은 전공진로와 연계된 교과 담당교사이다. 관심 전공진로와 관련해서 어떤 책을 읽어야 할지, 어떤 활동을 수행하는 것이 좋을지 교사들에게서 답을 찾으면 된다.

사실 교사와 학생은 일방적으로 주고받는 관계가 아니다. 학업과 전공에 대한 관심을 가지고 적극적으로 수업에 참여하는 제자를 아끼지 않는 선생님은 없다. 알려고 하고 구하려고 하는 길에 멘토가 서 있을 것이다.

벼락치기, 허위 기재는 이제 그만!

많은 학생이 벼락치기로 서류종합평가에 도전하려고 한다. 학년 말에 갑자기 자기소개서에 쓸 내용을 가져와서 기재를 요구하거나 3학년이 되어 뒤늦게 1,2학년 때 기록한 내용을 수정해달라고 하는 경우가 많이 있다. 일단 중대한 누락이 아닌 이상 기재 내용은 수정할 수 없다.

종종 학원에 학부모가 찾아와 불평하는 것을 보게 되곤 한다. 학생부에 활동 내용이 별로 없어서 학부모가 활동 내용을 만들어 선생님에게 기재해달라고 했더니 안 된다고 했다는 것이다. 그러면서 학교 선생님들은 입시에 관심이 없다거나 입시 정보에 어둡다는 비판을 쏟아낸다. 학교에서 입시 지도가 얼마나 힘들지 대략 짐작이 된다.

학생이 수행하지 않은 활동을 학생부에 기재하는 것은 절대 해서는 안 되는 일이다. 서류종합평가와 면접 과정에서 거짓된 내용은 반드시 드러나기 때문이다. 만일 학생부에 거짓 기록이 기재되었다면 그 학교는 대학으로부터 믿을 수 없는 학교가 되어버린다. 학생과 학부모 욕심에는 없는 것이라도 만들어서 좋은 학생부를 만들고 싶겠지만 그런 일은 본인뿐만 아니라 다른 학생들에게까지 피해를 주게 된다.

일반고가 더 유리할 수도 있다

최근 들어 '일반고 슬럼화'라는 자극적인 제목의 기사가 자주 보인다. 많은 분이 현재의 상황대로 간다면 일반고는 진학을 포기한 학생들이 모여들어 학업 환경이 더욱 열악해질 것이라는 걱정을 하고 있다. 학력이 우수한 학생들이 특목고와 자사고를 선호하는 현상이 향후 도입될 내신성적 절대평가로 인해 더욱 심화되면 일반고에서 공부하는 학생이 이탈하지 않겠냐는 우려는 상당히 설득력이 있다.

게다가 일반고 슬럼화에 대한 우려는 입학사정관제에 대한 비난으로 이어지고 있다. 아무래도 특목고나 자사고에서 입학사정관제를 준비할 수 있는 프로그램을 많이 운영하고 있기 때문에 입학사정관제가 특목고, 자사고를 위한 전형이 아니냐는 것이다. 실제로 학생들의 이야기를 들어보면 일반고에 다니는 학생들은 자기 학교에 R&E(Research & Education. 외부 기관과 연계한 연구지원 프로그램)도 없고 과제 연구 수업도 없어서 논문을 쓸 수 없는데 어떻게 입학사정관제를 준비할 수 있겠냐고 하소연하는 경우가 많다. 하지만 이런 이야기는 완전히 틀린 이야기다. 일단 논문 쓰기는 필수 활동이 아니다. 학생이 다니는 학교에 논문 관련 프로그램이 없다면 논문을 쓰지 않은 것이 마이너스 요인이 전혀 아니다. 대신 학생이 독서를 충실하게 하면서 탐구활동을 해왔다면 오히려 좋은 평가를 받아 합격할 수 있다. 외견상으로는 양질의 프로그램이 있는 학교를 다닌 학생이 유리해 보이지만 서류종합평가는 교과 과정을 충분히 검토하면서 학생이 할 수 있었던 일과 하기 어려웠던 일을 고려해서 평가를 하기 때문에 학교 환경이 절대적이지 않다. 게다가 학교에 프로그램이 없는 것은 오히려 일종의 기회다. 만일 학교에 경제 과목이 개설되지 않았다면 이 학생은 경제학과 지원 시 불이익을 볼까? 결코 그렇지 않다. 학교마다 개설 가능한 사회 교과가 얼마든지 다를 수 있으며, 교과 개설이 이루어지지 않는 것은 특목고나 자사고도 마찬가지다. 학교에 교과 수업이 없다는 이유로 해당 전공에서 그 학교 출신 학생을 낮게 평가하는 일은 존재하지 않는다.

만일 학교에 개설되지 않은 경제 과목을 스스로 공부하기 위해 경제 교과서를 사들고 사회 선생님께 계속 질문을 하면서 공부를 했다면 어떨까? 아마도 이 학생의 자기주도적인 학습 역량과 전공에 대한 탐구 정신은 높은 평가를 이끌어낼 수 있을 것이다.

마찬가지로 학생의 연구활동을 뒷받침해줄 수 있는 환경이 없는 상황에서 꾸준한 독서활동으로 쌓아온 탐구 결과를 잘 정리한 연구활동을 수행한다면 오히려 그 학생의 자기주도성과 도전 정신이 더욱 빛날 수 있다.

게다가 일반고에 다니는 우수한 학생은 수업 시간에 적극적으로 참여하여 교과성적은 물론 수업 참여도, 관심도 면에서 두각을 나타내기 쉽다. 뿐만 아니라 멘토인 선생님들의 관심을 많이 받으면서 학생부에 충실한 활동 기록과 교사 평가를 얻을 가능성도 크다. 따라서 수시모집 전형에서는 일반고 우수 학생이 더 유리하다고 볼 수 있을 것이다.

자기소개서 작성에 비법은 없다

여기까지 내용을 이해했다면 더 이상 자기소개서의 비법을 묻는 학생은 없으리라 믿는다. 자기소개서를 잘 쓰는 법은 간단하다. 자신의 활동을 과정과 노력 위주로 구체적으로 제시하면서 그 활동으로 얻은 성취와 역량을 간결하게 정리하면 된다. 이 핵심 말고 다른 어떤 요소도 자기소개서를 평가하는 데 영향을 주지 않는다. 학생이 자신 있게 내세울 수 있는 활동이 있다면 가장 큰 무기는 솔직함이지 잔기술이 아니다.

자기소개서의 비법을 알려준다는 시중의 책 중에는 입학사정관 서류종합평가를 완전히 오해하고 있는 내용도 많다. 자기소개서의 첫 문장을 인상적으로 시작하기 위해 질문으로 시작하라거나 시를 적어보라거나 명언을 적어보라거나 하는 해괴한 이야기가 비법이라고 소개되어 있다.

또는 대학의 인재상을 알아보고 그 인재상을 자기소개서에 반드시 기재하면서 시작하라는 '비법'도 나돈다. 그러나 서류종합평가는 작문 실력이 좋은 학생을 뽑는 전형이 아니다. 시나 명언이나 학생의 활동과 무관한 서술은 지면 낭비다. 대학의 인재상을 먼저 기재하는 것이 과연 무슨 소용이란 말인가? 학생이 그 인재상에 부합하는 역량을 갖추기 위해 수행한 활동이 기재되어야 할 자리에 엉뚱한 내용으로 지면 낭비를 할 이유는 없다.

모든 입학사정관들은 자기소개서에 학생의 구체적인 활동과 성과를 제외한 불필요한 미사여구나 학생 개인의 감상을 구구절절 적는 것은 평가에 전혀 도움이 되지 않는다고 밝히고 있다. 어떤 점을 높이 평가받았는지 알 수 없는 합격사례 말고 대학의 가이드를 믿는 편이 더 합당하지 않을까?

맺음말

이 책의 내용을 미리 보신 교사와 입학사정관 일부는 이 책으로 인해 입학사정관제의 취지가 무색해질 수 있다는 우려를 표했다. 그리고 우회적으로 출판을 자제하라는 생각을 표출하기까지 했다. 이런 비판의 요지는 이 책이 제시하는 전략으로 인해 정말로 자기주도적인 학생들이 상대적으로 피해를 보게 된다는 것이다. 누가 가르쳐주지 않아도 스스로 전공진로를 선택하고 고등학생 수준에서 깊이 있는 학문적 탐구활동을 수행하는 우수한 학생들이 있는데 이 학생들의 차별화된 역량을 이제 누구나 쉽게 따라할 수 있게 되는 것 아니냐는 이야기다.

입학사정관의 입장에서도 이 책에서 추천한 전략을 그대로 따라온 학생은 사실 자기주도성이나 창의성이 뛰어나지 않은데도 실제 서류종합평가에서는 우수한 평가를 받을 수밖에 없으니 자기주도적 인재를 선발한다는 취지가 무색해질 수 있다는 것이다.

일견 타당해 보이는 비판이지만 사실은 정반대이다. 이 책이 제시하는 전략을 따라 하는 것만으로 그 학생은 자기주도적인 학습과 학문적 탐구활동을 충실히 수행한 것이다. 이 책이 제시하는 전략에 따라 꾸준히 활동을 수행하는 것은 상당히 힘든 일이다. 고등학교 생활에서 한 순간도 헛되이 살지 않겠다는 의지와 신념을 가지고 항상 최선을 다해 공부하고 활동해야만 이 전략을 실천할 수 있다. 학생이 정말 이 전략을 꾸준히 수행했다면 대학에 들어가서도 수준 높은 학문적, 직업적 성취를 이룰 수 있는 인재가 분명하다.

무엇보다 앞서 제시한 전략은 입학사정관 서류종합평가를 대비하기 위한 시스템이나 자원이 잘 갖추어져 있지 않은 학교의 학생들에게도 기회를 확대한다는 점에서 입학사정관제 도입의 취지를 실현하는 역할을 할 것이다. 이 시도가 갈피를 잡지 못하고 있는 학생들에게 많은 도움이 되기를 바란다.

부록

전혀 스마트하지 않은 스마트 세대에게:
독서활동 추천도서 목록

얼마 전 서울대의 한 교수에게서 흥미로운 이야기를 들었다. 최근 고등학생들이 이메일을 보내 인터뷰 요청을 많이 한다는 것이다. 심지어 교수 연구실로 불쑥 찾아오는 고등학생들도 꽤 있다고 한다. 아무래도 자신이 관심 있는 분야 교수를 직접 찾아가 만났다는 것을 자기소개서에 쓸 내용으로 생각하는 것 같다는 것이다. 자신의 전공진로와 관련해서 전문 연구자를 찾아가 대화를 나눈다는 것은 분명히 훌륭한 일이다. 그만큼 전공에 대한 관심이 높다는 뜻이며 관심 분야를 탐구하기 위한 도전 정신을 갖췄다는 것을 보여주기 때문이다. 물론 교수들도 이런 학생들의 태도에 호감을 가졌지만 막상 학생과 대화를 나눠보면 실망만 하게 된다고 한다. 왜 그럴까? 학생들이 질문한 내용은 이렇다. "정치란 무엇인가요?" "민주주의란 무엇인가요?" "한국 정치에서 가장 중요한 문제는 무엇인가요?" "국제 정치의 핵심은 무엇인가요?" 교수는 이런 질문을 하는 학생에게 인터뷰를 하기 전에 공부 좀 하고 오라고 핀잔을 준다고 한다.

사실 이런 질문에 대해 답을 하려면 책을 10권을 써도 모자란다. 학생들은 지나치게 거대하고 추상적인 주제에 대해 질문을 하고 있는 셈이다. 이런 질문들을 하는 학생들은 학문을 탐구하려는 자세가 결여된 것으로 보인다.

누차 지적했듯이 진실성은 구체성으로부터 나온다. 만일 학생이 진실성을 가지고 전공에 관심을 가졌다면 관련된 책을 읽고 그와 관련한 구체적인 질문 목록을 뽑을 수 있을 것이다. 구체적인 문제에 대해서 의문을 갖고 공부해보고자 하지 않는다면 정말 진지하게 자신의 전공진로에 대해 알아보지 않은 것이다. 한 마디로 자신의 전공진로에 대해 책 한 권 제대로 읽지 않은 상황에서 무작정 교수를 만나는 것을 자신의 '스펙'으로 삼으려고 하는 학생이 좋은 평가를 받기란 불가능하다.

뉴 미디어에 익숙한 스마트 세대에게 독서는 참으로 어려운 일이다. 종이책을 읽는다는 것은 현재 어린 세대에게는 정말 낯선 경험이다. 지금의 10대는 어려서부터 천자문과 한글, 산수를 만화로 배워왔고 동영상을 보면서 교양을 쌓았다. 중학교와 고등학교를 거치는 동안 교과서를 정독하면서 공부하기보다는 핵심만 일목요연하게 정리된 학원 교재나 동영상 강의를 들으면서 공부를 했다. 또한 10대들은 신속하고 빠른 검색으로 다양한 텍스트를 넘나들면서 주어진 내용의 대강을 파악하는 읽기 방식에 익숙해져 있다. 인터넷에 이제는 스마트폰까지, 이들 세대가 차분한 글 읽기를 수행한 경험은 거의 없다. 스마트 세대에게 한 문장 한 문장을 순차적으로 읽어가는 종이책 읽기는 완전히 새로운 경험에 가깝다. 그러다 보니 논술 제시문을 읽을 때도 내용을 오독하고 왜 자신이 잘못 읽었는지도 모른다. 300페이지에 달하는 책읽기에서는 페이지 넘기기와 독서의 경계가 모호할 정도다.

하지만 대학에서 학문을 하려면 종이책을 읽어야 한다. 어떤 수업의 경우 읽기 자료만 2000페이지 정도 되는데 매주 100페이지 이상의 원서를 읽고 내용을 숙지해야 수업을 따라갈 수 있다. 그런데 수업이 그것 하나만 있는 것이 아니니 한 주에 숙독해야 할 과제의 양이 상당하다. 대학은 학생들에게 읽기 능력을 요구하지만 스마트 세대는 자신에게 낯선 영역인 읽기를 수행하느라 진땀을 빼고 있다. 어찌 보면 대학에서 공부할 수 있는 능력을 뜻하는 '대학수학능력'이란 바로 읽기 능력이라고 할 수 있을 것이다.

그래서 독서를 충실히 수행했다는 것만으로도 다른 학생과 차별화가 가능한 것이다. 단순히 독서 목록 채우기를 하는 것이 아니라 전공과 관련된 탐구활동으로서 진지한 독서를 수행하는 학생이 스마트 세대의 경쟁자들에 비해 월등한 역량을 가지게 된다.

| 1 |
관심 주제를 선정하기 위한 탐색 도서

여기서 소개하는 도서를 읽는 것은 독서를 통한 학문적 탐구의 준비 단계라고 생각하면 된다. 이런 책들을 읽는 것도 전공 관련 역량을 쌓는 활동이라고 할 수 있지만 그보다는 전공과 관련된 탐구 주제를 잡거나 집중 탐구할 고전 도서를 선정하는 계기로 삼는 것이 좋겠다. 다양한 내용을 소개하고 있는 탐색 도서만 읽는 것은 자칫 깊이 있는 내용보다는 주마간산(走馬看山)식으로 공부한 것이 될 수 있다. 따라서 탐색 도서 독서를 바탕으로 자신만의 주제를 뽑아낸 후 고전이나 전문 연구로 집중적인 독서를 연계해야 한다. 주로 소개하는 도서들은 개별 전공의 교과서가 되는 책들 중 고등학생들이 흥미롭게 읽을 만한 책이다. 그리고 전공학문과 관련된 내용이나 사회적 문제에 대해 대중적인 이해가 가능하도록 출간된 책들을 소개했다.

인문학 관련 도서

스무살, 인문학을 만나다 서울대학교 인문대학, 그린비 – 인문학, 사회과학 전반
다양한 영역에서 인문학이 인간 본질에 대한 탐구를 어떻게 수행하는지 알 수 있는 개론서이다. 다양한 주제 속에서 학생이 인문학적 관심을 이끌어 낼 수 있는 좋은 계기를 얻을 수 있다.

인문의 스펙을 타고 가라 이동진 외, 사회평론 – 인문학 전반
인문학이 어떻게 다른 학문의 기초가 될 수 있는지, 학문 외의 다른 영역에 어떤 도움을 줄 수 있는지를 실제 인문대 출신자들의 수기를 중심으로 보여주는 책이다. 반드시 인문학을 전공하지 않더라도 자신의 탐구활동이 인문학과 연계되어야 하는 이유를 알 수 있는 책이다.

철학, 역사를 만나다 안광복, 웅진지식하우스 – 인문학 전반, 철학계열

역사 속에서 시대적인 과제가 어떻게 철학사상으로 탄생했는지를 알기 쉽게 풀어 쓴 책이다. 중등고 철학 교사인 안광복은 철학과 사상을 고등학생의 눈높이로 설명한 좋은 책을 많이 저술했다. 《철학에게 미래를 묻다》,《처음 읽는 서양철학사》도 같이 읽어보면 큰 도움이 된다.

미학으로 동양 인문학을 꿰뚫다 주량즈, 알마 – 인문학 전반, 철학계열

동양사상을 바탕으로 예술을 이해하는 법에 대해 다루면서 동양 미학이 무엇인지 설명하는 책이다. 특히 동양사상과 서양사상을 비교하면서 거기에 드러난 예술관을 이해하게 도와준다는 점에서 사상과 예술에 관심 있는 학생들이 도전해볼 만한 책이다.

에피소드로 읽는 서양철학사 호리카와 데쓰, 바움 – 철학계열

학생들이 이해하기 어려운 철학사상을 철학자들의 생활 속에서 쉽게 풀어낸 입문서이다. 다소 가볍게 읽은 후에는 반드시 자신의 탐구 주제를 잡아 심화된 탐구를 수행할 것.

통합의 인문학 박이문, 지와사랑 – 인문학 전반

인문학의 위기에 대한 성찰과 인문학–자연과학 간의 통섭 개념에 대한 비판적인 평가를 다룬 책이다. 인문학의 위상과 역할에 대한 생각을 정립하는 데 큰 도움이 된다.

인간의 얼굴을 한 과학 홍성욱, 서울대학교출판문화원 – 인문학 전반

인간이 형성해내고 그로부터 인간이 영향을 받는 문화로서의 과학을 인식하고 그 문화가 형성된 과정을 다양한 사례를 통해 제시하고 있는 책이다. 과학이라는 어렵고 생소한 학문 영역을 인문학, 예술, 건축, 언어, 젠더, 법, 인권과 연계하여 그 사이의 상호 작용을 보여주고 있다. 다소 어렵지만 학문 간 융합을 통해 주제를 탐색하는 학생들에게 도움이 많이 되는 책이다.

붓다와 다윈이 만난다면 안성두, 우희종, 이한구, 최재천, 홍성욱, 서울대학교출판문화원
– 인문학 전반

우리 시대 학문 통섭 논의를 이끌고 있는 학자들이 진화론과 종교철학 간의 관계를 중심으로 자연과학과 인문학의 만남과 대립에 대해 소개하고 있는 책이다. 자연과학이 하나의 세계관이자 철학으로서 인문학과 사회과학에 미친 역사적 영향을 살펴볼 수 있고 동시에 자연과학의 방향 설정에 철학과 사상이 어떤 역할을 할 수 있는지 생각해볼 수 있다.

강의: 나의 동양고전 독법 신영복, 돌베개 – 인문학 전반
동양고전에 대한 관심을 환기시키고 어떻게 동양고전을 읽을 것인지에 대한 지침이 되는 책이다. 논어, 맹자나 노장사상을 탐구해보고자 하는 학생들에게는 사전 독서로 이만한 책이 없다.

한국의 지역연구 이상섭, 서울대학교출판문화원 – 어문학 계열
지역학 연구에 대한 총서 형태로 다양한 학문 영역에서 지역 연구의 현황과 전망에 대해 다루고 있다. 이 책을 통해 인문학과 사회과학 전반에 걸쳐서 지역에 초점을 맞춘 연구가 어떤 것인지를 알 수 있으며, 이를 통해 전공진로에 대한 탐색이 보다 구체적으로 이루어질 수 있을 것이다.

꽃길따라 거니는 우리말 산책 이익섭, 신구문화사 – 국어국문
국어국문학을 공부하고자 하는 학생이라면 이 책을 통해 우리말의 새로운 면모를 살펴볼 기회를 얻을 수 있다. 동시에 국어학 연구의 대가인 필자가 제시하는 의견들은 학생들이 탐구 주제로 삼을 수 있는 좋은 주제들이다.

시인을 찾아서 신경림, 우리교육 – 국어국문
한국 시문학의 역사를 생생한 현장 속에서 알아볼 수 있는 책이다. 학생들이 잘 알 만한 시인들의 삶의 흔적들 속에서 시인의 삶과 문학을 조명해보는 내용이다.

신대륙의 꿈과 미국 문학 다쓰미 다카유키, 웅진지식하우스 - 영어영문

미국 문학의 대표 작가들의 작품 세계와 사상을 시대적 흐름 속에서 읽는 미국 문학 입문서이다. 학생들이 읽기에 부담 없으며, 미국의 역사 속에서 미국 문학을 이해하는 계기가 될 수 있다.

소설로 읽는 중국사 조관희, 돌베개 - 중어중문, 동양사

고대에서 현대까지 대표적인 중국 소설을 통해서 중국의 역사를 이해해볼 수 있는 책이다. 다소 지루할 수 있는 중국 역사를 소설을 통해 보다 흥미롭게 바라보는 계기가 된다.

중국 문학의 파노라마 시라카와 시즈카, 웅진지식하우스 - 중어중문

중국의 신화와 문학, 사상을 폭넓게 다루는 중문학 기본 입문서이다. 학생들 수준에서 쉽게 읽을 수 있다는 것이 장점. 이 책을 통해 관심 주제나 영역을 찾아서 탐구를 수행할 수 있을 것이다.

세계 대전과 독일 문학 이케우치 오사무, 웅진지식하우스 - 독어독문

독일 문학의 사상적 기초를 대표 작가들을 통해 알기 쉽게 해설하고 있다. 근현대사 속에서 독일이 겪은 시련이 문학에 어떻게 표현되었는지도 알 수 있다. 이 입문서를 바탕으로 독문학 대표 작가의 작품을 집중 탐구해보는 것이 좋겠다.

독일 문학과 사상 안진태, 열린책들 - 독어독문

청소년들이 꼭 한 번은 읽어봐야 할 독일 문학에 대한 개론서이다. 헤르만 헤세, 토마스 만, 카프카, 레싱의 문학 세계와 사상에 대해 알아볼 수 있는 책이다. 내용이 다소 어렵지만 이 책을 통해 관심 작가나 주제를 선정하면 좋을 것이다.

프랑스 근대 문학 미즈바야시 아키라, 웅진지식하우스 - 불어불문

프랑스 문학이 기초한 사상적 기원과 역사적 문화적 특징을 해설하면서 위고, 발자크, 스탕달, 상드 등의 대표 작가들의 작품 세계를 다룬 입문서이다. 고등학생 수준에서 쉽게 불문학에 대한 관심과 이해를 넓혀갈 수 있는 계기가 된다.

러시아의 문학과 혁명 이게타 사다요시, 웅진지식하우스 – 노어노문

푸슈킨, 고골리, 레르몬토프, 도스토예프스키, 톨스토이, 체홉, 솔제니친 등 러시아 문학의 거장들을 폭넓게 다룬 입문서이다. 러시아 혁명을 중심으로 하는 역사적인 격동이 문학에 준 영향을 함께 다루고 있다.

러시아 명화 속 문학을 말하다 김은희, 이담북스 – 노어노문

미술과 문학, 역사를 함께 이해하는 일은 언제나 흥미롭다. 잘 알려지지 않은 러시아 미술 작품과 문학 작품을 연계하여 흥미를 불러일으키고 있다. 문학에 관심을 가진 학생이라면 미술에까지 관심 영역을 확대해보면 좋겠다.

차이를 넘어 공존으로: 스페인어권 세계의 문화 읽기 서울대학교 서어서문학과, 서울대학교출판문화원 – 서어서문

스페인과 남미의 역사와 문화, 그리고 그것이 어떤 문학적 흐름을 만들어냈는지에 대한 다양한 접근을 담고 있는 책이다. 스페인어권에 대해 관심이 있는 학생이 탐구 주제를 추출하기 좋은 책이다.

오늘의 일본 문학 도미오카 고이치로, 웅진지식하우스 – 일어일문(아시아언어문명)

이제 우리나라에서도 친숙한 현대 일본 문학이 형성되는 과정에 기여한 주요 작가들의 작품 세계와 사상을 쉽게 소개한 책이다. 일본 전공에 관심 있는 학생들이라면 탐구를 위한 입문서로 삼을 수 있다.

동남아문화 산책 신윤환, 창비 – 아시아언어문명

동남아시아 지역 연구의 대가인 저자가 지리적, 역사적, 문화적, 정치적 견지에서 동남아시아를 폭넓게 조망하고 있는 책이다. 학생들에게 다소 생소한 동남아시아에 대해 탐구할 수 있는 첫 단계를 열어줄 계기가 될 것이다.

인도는 울퉁불퉁하다 정호영, 한스컨텐츠 – 아시아언어문명

인도에 대한 상상과 편견을 버리고 인도인과 인도 문화, 사회에 대해 비판적인 인식을 보여주는 책이다. 인도에 관심을 갖고 있는 학생이라면 신비주의적인 관심에서 벗어나 인도에 대한 객관적 탐구의 필요성을 인식할 수 있는 계기가 될 것이다.

이슬람 이희수, 청아출판사 – 아시아언어문명

이슬람 종교와 문화, 생활 방식과 역사는 물론 현대 이슬람의 변화에 대해 광범위하게 다룬 이슬람 연구 개론서이다. 방대한 내용을 다루고 있지만 이 한 권의 책으로 이슬람에 대한 수준 높은 이해에 도달할 수 있으며, 이 분야 연구에 대한 흥미도 가질 수 있을 것이다.

한국사특강 한국사특강편찬위원회, 서울대학교출판문화원 – 국사

한국사의 전체 흐름을 조망할 수 있는 상당히 두꺼운 책이다. 단순히 국사 교과서의 확장본으로 오해하면 안 된다. 각 시대와 주제에 대한 학문적인 논쟁이 상세히 소개되어 역사 연구에서 쟁점이 되는 다양한 문제들을 접할 수 있는 계기가 되는 책이다.

문학으로 역사읽기, 역사로 문학읽기 주경철, 사계절 – 역사 전반, 서양사

주경철 교수의 책은 하나같이 고등학생들이 역사를 중심으로 문학과 문화, 사상을 폭넓게 이해할 수 있는 좋은 기회가 된다. 이 책과 더불어 《문화로 읽는 세계사》, 《대항해시대》, 《테이레시아스의 역사》를 같이 읽는다면 굳이 역사 전공자가 아니더라도 자신의 전공진로와 관련된 탐구 주제를 얻을 수 있을 것이다.

아틀라스 중국사 박한제, 사계절 – 동양사

단순히 중국의 역사적 변천 과정을 교과서식으로 다루지 않고 역사 연구자의 입장에서 각 시대별로 중요한 연구 주제에 대한 입장을 정리하고 있다. 손쉽게 읽을 수 있는 역사서라기보다는 중국사에 대한 연구의 기본을 알아볼 수 있는 책이다. 이 책의 시리즈인 아틀라스 세계사, 아틀라스 한국사, 아틀라스 서양미술사 모두 좋은 책이다.

명작, 역사를 만나다 우정아, 아트북스 – 서양사

신고전주의에서 후기인상파에 이르는 근대 미술의 걸작들을 역사적인 맥락 속에서 이해하는 책이다. 고등학생들이 한 번쯤 보았을 만한 미술 작품 속에서 역사를 이해할 수 있는 계기가 된다. 비슷한 책으로 《세계 명화 속 역사 읽기》도 재미있다.

처음 읽는 여성의 역사 정현백, 동녘 – 역사 전반, 서양사

남성 중심으로 쓰인 세계사에서 탈피하여 여성의 역사, 여성 억압과 차별의 역사를 다룬 책이다. 역사에 국한될 수 없는 통합적인 주제인 여성학에 대한 관심과 탐구 주제를 얻을 수 있는 책이다.

서양문화사 깊이 읽기 최혜영 외, 푸른역사 – 서양사

단순 연대기적 서술이 아니라 서양문화사의 중요한 주제들에 대한 여러 필자들의 연구를 모은 책이다. 구체적인 역사적 인물과 사건을 통해 역사적인 시대의 특징을 이해해볼 수 있는 계기가 되는 책이다.

우리 시대의 신화: 현대 소설 속 종교적 인간의 이야기

유요한, 서울대학교출판문화원 – 인문학 전반

문학 작품 속에 드러나 있는 종교적인 상징과 이야기 구조를 분석한 책이다. 인간의 본질을 드러내는 문학 속에서 인간의 본질에 해당하는 종교적 삶이 드러나는 지점을 포착하여 흥미로운 설명을 제시한다. 문학과 사상 간의 연결 고리를 탐색할 수 있는 책이다.

경영학, 사회과학 관련 도서

역사에서 경영을 만나다 이재규, 사과나무 – 경영, 경제

인간 경영, 기업 경영, 국가 경영의 흥망의 역사를 다루면서 현대 경영이 모색해야 할 길이 무엇인지를 다룬 책이다. 저자는 경영학의 대가인 피터 드러커 전문가로 통한다. 피터 드러커의 경영 이론을 다룬 《미래는 어떻게 오는가》《어떻게 살 것인가》, 《청소년을 위한 피터 드러커》를 읽어보는 것도 좋다. 경영학 연구자나 경영자에게 왜 인문학이 필요한지에 대한 귀중한 교훈을 얻을 수 있다.

윤석철 문학에서 경영을 배우다 윤석철, 서울대학교출판문화원 – 경영, 경제

경영학을 통합 학문의 영역으로 끌어올려 탐구해온 윤석철 교수의 강연을 글로 엮은 책이다. 인문학과 사회과학 심지어 자연과학까지 경영학 연구와의 연결 고리를 포착하고 새로운 해석을 제시한다. 그의 새로운 접근은 경영학을 공부하기 위해 다른 학문에 대한 소양을 쌓는 것이 왜 중요한지를 보여준다. 이 책과 함께 저자의 다른 책인 《삶의 정도》, 《경영 경제 인생 강좌 45편》을 함께 읽는 것이 좋겠다.

죽은 CEO의 살아있는 아이디어 토드 부크홀츠, 김영사 – 경영, 경제

20세기의 위대한 경영 혁신가 10명의 삶과 경영 전략, 경영에 대한 가치관을 흥미롭게 설명한 책이다. 같은 저자의 베스트셀러 《죽은 경제학자의 살아있는 아이디어》 역시 경제 경영 전공진로를 생각하는 학생들에게 좋은 입문서가 될 수 있다.

숫자로 경영하라 최종학, 원앤원북스 – 경영, 경제

회계, 재무적인 측면에서 한국 기업을 분석한 책이다. 사례 중심으로 서술되어 있어 읽기 편할 뿐만 아니라 회계, 재무 외의 경영 전략 전반에 걸쳐 기업 경영을 이해할 수 있다. 회계, 재무, 금융 방면으로 미래를 그리고 있는 학생에게 지적 탐구를 위한 지침을 제공한다.

좋은 기업을 넘어 위대한 기업으로 짐 콜린스, 김영사 – 경영, 경제

오랜 시간 시장을 지배할 수 있는 위대한 기업의 조건을 다룬 경영 연구서로 경영학 전공자들에게 필독서에 해당한다. 위대한 기업의 조건으로 조직 인사 관리의 리더십, 기업 문화, 점진적이고 내실 있는 혁신과 같은 새로운 시각을 제시한다. 이 책에 더해 같은 저자의 책인《위대한 기업은 다 어디로 갔을까》를 읽어보면 보다 깊이 있는 탐구가 될 것이다.

창조적 루틴 노나카 이쿠지로, 북스넛 – 경영, 경제

지식 경영, 지식 창조 이론으로 기업 성공의 핵심을 보여주는 책이다. 창조적인 지식 경영을 하기 위한 기업들의 일상 습관이 성패를 좌우한다는 내용으로 지식 경제 시대를 이끌 경영 전략을 다루고 있다.

소비자학? 필립 그레이브스, 좋은책들 – 경영, 소비자학

소비자 행동에 대한 이론적 접근을 포괄적으로 이해해볼 수 있는 책이다. 소비자의 심리와 행동에 내재해 있는 원리들은 물론 소비자 연구 방법에 대한 이해를 새롭게 하는 계기가 될 수 있다.

외환위기 10년 한국사회 얼마나 달라졌나 정운찬 편, 서울대학교출판문화원
– 사회과학 전반

한국 사회 전반에 걸쳐 사회적인 문제와 과제에 대해 경제학, 정치학, 외교학, 사회학, 사회복지학, 문화인류학, 여성학 각 분야 학자들의 진단을 담고 있다. 사회과학을 전공하려는 학생들에게 다양한 학문 영역 간의 상호 연관성을 보여주고 풍부한 탐구 주제를 제공하는 책이다.

시장은 정의로운가 이정전, 김영사 – 경제, 사회과학 전반

정의, 상생이라는 가치를 중심으로 한국 시장 경제와 경제학에 대한 날카로운 비판을 가하는 책이다. 현실 경제 현상에 대한 비판은 물론 경제 사상에 대한 이론적인 비판도 함께 읽을 수 있어 풍부한 학문적 탐구의 기반이 되는 좋은 책이다. 이정전 교수가 쓴 대중서는 고등학생들도 이해할 만하고 경제학에 대한 폭넓은 조망을 하기에 적합하다. 《우리는 왜 행복해지지 않는가》, 《경제학을 리콜하라》, 《시장은 정말 우리를 행복하게 하는가》 모두 읽어볼 만한 좋은 책이다.

스티글리츠 보고서 조지프 스티글리츠, 동녘 - 경제, 사회과학 전반

2008년 세계 경제위기의 원인과 영향을 살피면서 미래 경제의 대안에 대한 논의를 담고 있는 책이다. 학문의 미래 세대인 학생들이 어떤 연구를 수행해야 하는지에 대한 안목을 높여줄 수 있을 것이다.

거대한 역설: 왜 개발할수록 불평등해지는가 필립 맥마이클, 교양인 - 경제, 국제, 사회과학 전반

20세기 세계에서 벌어진 경제 개발의 역사를 살피면서 개발이 빈곤 축소가 아닌 불평등의 심화라는 결과를 가져왔다는 비판적인 견해를 담고 있다. 성장과 산업화를 중심으로 한 개발에 대해 새로운 대안을 제시하는 책으로 사회과학을 전공하는 학생들에게 경제 개발과 국제 개발 원조에 대한 폭넓은 탐구의 계기가 된다.

자본주의 역사 바로 알기 리오 휴버먼, 책벌레 - 경제, 사회과학 전반

자본주의의 태동과 발전의 과정을 구체적인 역사적 현상과 사례들을 바탕으로 흥미롭게 구성한 책이다. 경제사라는 어려운 학문 분야를 쉽게 이해해볼 수 있는 좋은 책이다.

삶의 정치, 소통의 정치 김홍우, 대화문화아카데미 - 정치, 언론, 사회과학 전반

소통 양상을 중심으로 정치 현상을 분석하고 적법절차에 근거한 진지한 소통을 통해 삶의 정치를 실현할 수 있는 길을 모색하는 내용이다. 정치와 사회에 대해 소통이라는 주제를 풀어가는 내용을 보면서 학생 자신만의 다양한 탐구 주제가 도출될 수 있을 것이다.

인권의 문법 조효제, 후마니타스 – 사회과학 전반

인권 개념의 역사와 논리를 밝히면서 근대 인권 개념이 탄생한 배경을 설명하는 책이다. 나아가 인권 개념에 대한 비판을 비중 있게 다루면서 민주주의와 인권의 관계를 제시하고 있다. 사상과 사회과학을 연계하여 이해하고자 하는 학생들에게 지적 탐구의 입문서가 될 수 있다.

민주화 이후의 민주주의 최장집, 후마니타스 – 정치, 경제, 사회과학 전반

한국 정치의 역사적 전개 과정을 살피면서 현재 한국 사회의 현안을 분석하는 책이다. 저자는 정치학 이론을 대중들이 알기 쉽게 풀어내는 많은 책들을 써왔으며, 정치학뿐만 아니라 경제학, 사회학, 사회복지학 등 다양한 분야에서 활동하는 연구자들과 공동 프로젝트를 진행해왔다. 《위기의 노동》, 《자유주의는 진보적일 수 있는가》 모두 학생들이 읽을 만한 좋은 책들이다.

세계정치론 존 베일리스 외, 을유문화사 – 국제정치

국제정치학이 다루고 있는 다양한 주제들을 총망라하고 국제 정치 전개의 역사와 이론을 소개하는 개론서이다. 대학에서 사용하는 교재이기 때문에 재밌게 읽기는 어렵겠지만 이 책을 통해 자신의 탐구 주제를 선정하여 탐구해보는 계기가 될 수 있다.

21세기 한국외교와 국가이익 장달중, 함택영 외, 사회평론 – 국제정치

한국이 처한 국제 관계의 흐름과 한국 외교 정책의 현황, 남북 관계와 같은 주제를 폭넓게 다루면서 새로운 국제 정치 환경 속에서 한국의 국가 이익을 높이기 위한 전략을 제시하는 책이다. 다양한 주제가 망라되어 있으므로 정치학, 외교학에 관심을 갖는 학생이 탐구 주제를 선정하는 계기가 될 것이다.

현대사회학 앤서니 기든스, 을유문화사 – 사회, 사회과학 일반

사회학 전공의 첫 교재인 이 책은 사회학에만 국한되는 문제 의식을 가지고 있는 것이 아니다. 사회과학 전공진로를 가지고 있는 학생이라면 다양한 주제와 이론들을 살펴보면서 자신만의 탐구 주제를 선정할 기회를 얻을 것이다.

한국의 노숙인: 그 삶을 이해한다는 것 구인회, 정근식, 신명호, 서울대학교출판문화원
– 사회, 사회복지

한국 사회와 사회 복지의 중요한 문제 중에 하나인 노숙자 문제를 통해 한국 사회 성장의 과정과 사회상에 대한 고찰을 담고 있는 책이다. 노숙인이라는 주제를 통해 사회학, 도시지리학, 사회복지학, 인류학, 행정학 등에 대한 깊이 있는 탐구를 할 수 있는 책이다.

위험사회, 위험정치 정진성 외, 서울대학교출판문화원 – 사회

현대 사회학의 핵심 주제 중에 하나인 ‘위험’에 대한 사회적 인식을 결정하는 다양한 요인들을 분석하고 있는 책이다. 주제인 ‘위험’에 국한하지 않고 사회학적 연구란 무엇인지에 대한 일면을 엿볼 수 있다.

스무 살의 사회학 랠프 페브르, 앵거스 밴크로프트, 민음사 – 사회

사회학 이론의 흐름을 소설로 쉽게 정리한 책이다. 사회학을 전공하는 학생은 물론 사회복지학, 언론정보학 등 인접 학문을 전공진로로 고려하는 학생들도 사회학에 대한 이해를 넓혀볼 수 있을 것이다.

현대언론사상사 허버트 알철, 나남 – 언론, 사회

미국 언론의 정신을 이루는 기초적인 사상과 미국 언론의 역사적인 발전과정을 소개하고 있는 책이다. 언론에 대해 공부하려는 학생이 어째서 사회 사상과 철학에 관심을 가져야 하는지를 확인할 수 있는 계기가 될 뿐만 아니라 언론학의 역할에 대한 고민을 시작할 수 있는 기회를 주는 책이다.

저널리즘의 이해 강내원 외, 한울아카데미 – 언론

언론학 교과서로서 언론의 특징과 운영, 역할과 관련한 기본적인 이론을 정리해서 보여주는 책이다. 전형적인 교과서이므로 이 책을 통해 학생 자신만의 주제나 문제 의식을 도출하는 데 활용하자.

한국사회 소통의 위기와 미디어 윤석민, 나남 – 언론, 사회

소통과 미디어에 대한 개념적 이해에서 출발하여 한국 사회의 소통 방식과 미디어가 보여주고 있는 문제점을 사회 현상과 연관 지어서 설명하고 있는 책이다. 방대한 내용을 다루고 있기 때문에 모든 내용을 공부하는 것은 무리일 수 있겠지만 관심 있는 부분을 읽고 학생의 탐구 주제를 포착하는 데에는 큰 도움이 될 수 있는 책이다.

사회를 보는 새로운 눈 학술단체협의회, 한울 – 사회과학 전반

사회 현실에 대한 비판적 인식을 담고 있는 다양한 주제들을 망라한 책이다. 고등학생들이 읽기에도 크게 어렵지 않기 때문에 이 책에 소개된 다양한 주제들을 읽어보면서 기본적인 탐구 주제를 찾아볼 수 있을 것이다.

내 마음을 읽는 28가지 심리실험 로버트 에이벌슨, 커트 프레이, 에이든 그레그, 북로드 – 심리

사회심리학 실험 28가지를 통해서 실험 연구의 방식을 상세하게 보여주면서 인간 심리의 특성을 밝히고 있는 책이다. 무엇보다 심리학에 관심 있는 학생들에게 사회심리학의 연구 방법을 알아볼 수 있는 계기가 될 수 있다.

스키너의 심리상자 열기 로렌 슬레이터, 에코의서재 – 심리

심리학의 역사에서 중요하게 다뤄지는 10가지 심리 실험을 중심으로 심리학에 대한 기본적인 이해를 돕는 입문서이다. 심리학 전공진로에 대한 관심을 갖고 있는 학생들이 탐색 주제를 찾는 데 도움이 된다. 저자의 다른 책인 《나는 왜 거짓말을 하는가》도 추천 도서이다.

심리학과 직업세계 한국심리학회, 학지사 – 심리

심리학을 전공한 이들이 사회에 진출한 사례를 중심으로 심리학 공부가 다양한 진로와 어떻게 연결되는지를 보여주는 책이다. 심리학에 대한 탐구와 다른 학문 영역이 상호 연결될 수 있는 탐구 주제를 찾는 데 도움이 되는 책이다.

심리학 콘서트 다고 아키라, 스타북스 – 심리

실생활에서 나타나는 일들을 심리학 이론과 연결하여 설명하는 책이다. 어려울 수 있는 심리학 이론들을 쉬운 사례 속에서 풀어내어 학생들에게 많은 도움이 된다.

낯선 곳에서 나를 만나다 한국문화인류학회, 일조각 – 인류

인류학의 연구 방법인 현지 조사의 과정과 결과를 학생들도 쉽게 읽을 수 있도록 구성한 책이다. 문화인류학의 여러 주제들에 대해 접근해보면서 다양한 문화에 대한 이해는 물론 자신만의 탐구 주제를 찾아볼 수 있겠다.

잭 구디의 역사인류학 강의 잭 구디, 산책자 – 인류, 역사

기존의 역사 연구를 비판하고 요리, 사랑, 문자로 대변되는 문화의 변천을 중심으로 하는 문명사를 보여주는 책이다. 여러 문화를 비교하면서 문명을 이해하도록 도와주는 독특한 시각을 탐구해볼 수 있다.

지리학자가 쓴 도시의 역사 남영우, 푸른길 – 지리, 역사

세계의 도시들을 답사하면서 도시의 모습과 역사, 공간적인 특징을 흥미롭게 밝힌 책이다. 도시 공간에서부터 독특한 문화적 특성이 나타나는 관계를 파악하는 데 많은 도움을 주는 책이다.

세상을 변화시킨 열 가지 지리학 아이디어 수잔 핸슨, 한울 – 지리

지리학이 인간 사회에 미친 중요한 영향을 지리학의 10가지 아이디어로 풀어서 설명한 책이다. 지리학 전공진로를 고려하고 있는 학생이라면 지리학의 위상과 역할을 찾아볼 수 있는 기회가 될 것이다.

공간의 힘 하름 데 블레이, 천지인 – 지리, 국제

지리학적 시야에서 공간적인 경계가 진정한 세계화를 가로막고 있음을 밝히는 책이다. 여전히 인간의 운명을 결정하는 힘은 지리적 공간에 있다는 점을 강조하고 있다.

자본의 도시: 신자유주의적 도시화와 도시정책 최병두, 한울아카데미 – 지리, 경제
신자유주의가 현대 도시 공간의 변화를 어떻게 가져오는지, 도시 정책에 어떤 영향을 미치는지 보여주는 책이다. 저자는 현재의 도시 공간 정책에 대해 비판적인 주장을 제기하면서 새로운 대안을 제시한다.

청소년을 위한 환경 교과서 클라우스 퇴퍼, 프리데리케 바우어, 사계절 – 환경, 사회과학 전반
환경 위기를 둘러싼 다양한 정치 사회적 맥락을 학생들이 쉽게 이해할 수 있는 개론서이다. 다양한 주제들 속에서 자신의 전공진로와 연관되는 주제를 포착하기 좋은 책이다.

녹색담론과 환경외교 정상률, 한국학술정보 – 환경, 사회과학 전반
환경 위기와 이에 대응하기 위한 다양한 녹색 담론을 고찰하고 그 담론들에 근거한 환경 정책이 국제 정치의 독특한 환경 속에서 어떻게 실현되고 있는지를 다루고 있다.

환경주의자가 알아야 할 자본주의의 모든 것 존 벨라미 포스터, 삼화 – 환경, 사회과학 전반
지구가 처한 위기 상황은 이미 임계치를 넘어섰으며 녹색 자본주의는 생태 위기를 막을 수 없다는 주장을 담고 있는 책이다. 이윤 추구와 축적을 본질로 하는 자본주의를 극복하는 생태 혁명이 필요하다는 주장을 담고 있다.

동서양 교육사상 명저해설 100선 배영기, 한국학술정보 – 교육
다양한 고전에 나타난 교육사상을 찾아 제시한 책이다. 사범대에 진학하고자 하는 학생이라면 반드시 교육에 대한 소양과 나름의 소신이 있어야 하니 이 책을 통해 교육사상을 담고 있는 고전에 대해 관심을 가져보면 좋겠다.

| 2 |

고전과 명저 읽기

고전과 명저는 빨리빨리 여러 권을 독서 이력 채우기식으로 읽을 수 있는 책이 아니다. 짧은 문학작품이 아닌 이상 고등학생이 이런 책을 한 권 제대로 읽는 데 기본 반년 정도 계획하고 읽는다고 생각하는 것이 옳다. 고전과 저자에 대해 이해할 수 있는 책을 같이 읽으면서 차근차근 공부한다고 생각하고 긴 호흡으로 읽는 것이 정석이다.

최근에 고전 읽기를 권유하는 책들이 많이 나와서 고전의 대략적인 내용과 문제 의식을 설명하는 좋은 책들이 많이 있다. 하지만 인문학이나 고전을 강조하는 책들을 반복적으로 읽는 것만으로는 탐구활동을 수행했다고 하기 어렵다. 고전을 소개한 책을 많이 읽었다고 해서 고전을 이해한 것은 결코 아니기 때문이다. 이런 책들을 보면서 자신의 관심 주제를 찾아 고전을 집중적으로 읽는 것이 진지한 탐구활동이다. 가령 어떤 학생이 고등학교 1, 2학년 시기를 다산 정약용의 저작을 집중적으로 읽으면서 보냈다고 하자. 이 학생의 탐구활동은 사상, 역사, 문학뿐만 아니라 경영학과 사회과학으로 뻗어 나갈 수 있는 기초를 잡은 활동이 될 것이다.

여기서 고전은 서울대 추천 100선 중에서 골라 제시할 것이며, 고전과 함께 읽을 만한 좋은 책을 소개할 것이다. 단, 고등학생들이 읽기에는 지나치게 어려운 고전이나 전문적인 해석과 연구가 필요한 기초 자료에 해당하는 고전은 제외했다.

연암집 연암 박지원, 돌베개

학생들에게 《허생전》으로 잘 알려져 있는 조선 후기 실학사상의 거장, 연암 박지원의 산문집이다. 상중하 3권으로 구성되어 있으므로 모두 읽는 데 다소 시간이 걸릴 것이다. 연암 박지원의 산문을 충실히 이해하기 위해서는 그의 다른 작품은 물론 그의 사상을 함께 읽는 방법이 좋을 것이다. 《열하일기》를 고등학생들이 이해할 수 있도록 설명을 붙인 책들이 많이 있다. 또한《청소년을 위한 연암 박지원 소설집》으로 연암의 소설을 이해해볼 수 있다.《당신, 연암》과 같이 흥미로운 연암 평전도 읽을 만하다. 이렇게 연암 박지원의 작품 세계와 사상을 이해하는 것은 국문학, 역사, 철학사상은 물론 정치학, 사회학 등의 사회과학을 공부하기 위한 기초로서 의미가 깊다.

삼대 염상섭, 문학과지성사

학생들의 독서 이력에 빼놓지 않고 등장하는 작품이다. 아무래도 권장 도서로 나온 고전 중 교과서에 실려 있는 데다가 학생들이 쉽게 읽을 수 있는 내용이라서 많은 학생들이 자신의 독서 이력으로 내세우는 듯하다. 그러나 독서 이력을 채우는 것만으로는 좋은 평가를 받을 수 없다. 남들과 같은 책을 읽더라도《삼대》로부터 연구 주제를 도출하여 자신만의 탐구활동을 수행해야만 '차별화'가 가능하다.

염상섭의 작품 세계를 더 깊이 탐구하기 위해《만세전》,《두 파산》을 비롯한 단편 작품집을 함께 읽는 것도 좋다. 또한 서울대 권장 도서에 포함된 박태원과 이기영의 소설 작품들을 읽으면서 식민지 시기 문학의 고민에 대해 통합적인 비교 탐구를 수행해볼 수 있을 것이다. 뿐만 아니라 식민지 시기 한국 문학의 또 다른 대가인 채만식의《탁류》,《태평천하》를 함께 읽으며 일제강점하의 우리 민족의 삶과 정서, 당시 사회에 대한 문제 의식을 알아본다면 매우 훌륭한 탐구활동을 수행한 것이다. 나아가 일제강점기의 우리 민족의 역사나 사회상에 관심을 갖는다면 문학을 통해 역사, 사회로 관심을 뻗어나간 매우 좋은 활동이다.

광장 최인훈, 문학과지성사

해방 이후 이념 대립을 주제로 한 작품으로 한국 문학의 대표적인 소설이다. 이 작품 역시 학생들이 독서 이력으로 많이 제시하는 작품이지만 단순히 이 작품 하나를 읽었다는 것은 의미가 없다. 최인훈의 문학적 변모 과정을 집중 탐구하기 위해《회색인》,《소설가 구보씨의 일일》을 읽어보거나 두 권으로 구성된《화두》를 읽어본다면 작가 중심의 훌륭한 탐구활동을 수행한 것이다. 이와 함께 해방 후 한국 사회의 이념 대립과 한국전쟁에 이르는 현대사를 탐구해본다면 문학, 역사, 정치, 사회 전반에 걸친 관심과 이해를 넓힐 수 있을 것이다. 물론 좀 더 긴 호흡으로 박경리의 《토지》나 조정래의 《태백산맥》과 같은 대하장편소설을 읽는 것도 더 없이 좋은 일이지만 공부에 바쁜 학생들에게는 다소 무리한 도전이 될 수 있으니 주의할 것.

루쉰 소설전집 루쉰, 을유문화사

현대중국문학을 대표하는 작가인 루쉰의 작품을 읽는 것은 중국인과 중국 사회·문화를 이해하는 출발점이 된다. 작가에 대해 깊이 있는 이해를 하기 위해《루쉰 평전》,《루쉰의 편지》나 루쉰의 산문과 사상을 이해할 수 있는《희망은 길이다》와 같은 책을 함께 읽는 것도 좋다. 루쉰의 작품이나 삶과 함께 서울대 권장 도서 중 하나인 왕멍의 장편인 《변신인형》, 소설집인 《나비》를 읽어본다면 중국 근현대문학에 대한 이해가 깊어질 것이다. 뿐만 아니라 중국 근대문학에 대한 연구서나 근대 중국의 역사 혹은 동아시아의 역사 전반을 다루는 서적과 함께 읽는다면 문학과 역사를 아우르는 충실한 독서활동을 수행한 것이다.

마음 나쓰메 소세키, 책만드는 집

일본을 대표하는 문학 작품인 《마음》은 일본 근대의 자화상을 보여주는 작품인 동시에 근대 이후 지금까지 면면히 이어지는 일본인의 의식을 이해하는 데에도 도움을 주는 작품이다. 나쓰메 소세키의 작품 세계 이해를 위해《도련님》,《나는 고양이로소이다》,《그 후》와 함께 작가의 자전적 작품인《한눈팔기》를 읽어보는 것도 좋겠다. 학문적으로 나쓰메 소세키를 탐구해보기 위해서는《내셔널 아이덴티티와 젠더: 나쓰메 소세키로 읽는 근대》등 다양한 연구서를 읽어볼 수 있다. 뿐만 아니라 서울대 권장 도서 중 하나인 가와바타 야스나리의《설국》과《이즈의 무희》,《종이학》등의 작품과 아쿠타가와 류노스케의《라쇼몽》등을 읽어본다면 일본 문학을 탐구하는 훌륭한 활동이 될 것이다.

변신이야기 오비디우스, 민음사

서양 문명의 기초를 이룬다는 그리스로마 신화의 기본이 되는 것이 바로 오비디우스의 《변신이야기》이다. 시중에 그리스로마 신화와 관련된 책들은 모두 《변신이야기》와 《일리아드》, 《오디세이》를 기본으로 한다고 할 수 있다. 이 책들과 함께 그리스로마 신화의 다양한 책들을 읽는 것이 좋은데, 특히 신화를 기본으로 하는 서양 미술을 함께 이해할 수 있는 기회를 찾는다면 인문학을 공부하기 위한 좋은 기초를 잡는 것이다. 신화 읽기는 비교적 큰 힘을 들이지 않고 문화와 지역에 대한 이해를 높일 수 있는 길이다. 신화 읽기에서 시작해서 문학, 예술, 역사에 대한 관심을 확장해 나간다면 훌륭한 탐구활동을 수행할 수 있을 것이다.

그리스 비극 걸작선 에우리피데스, 소포클레스, 숲

신화와 함께 서양 문학의 영원한 모티프가 되고 있는 것이 그리스 비극의 걸작들이다. 대표적인 작품을 모은 걸작선 이외에도 에우리피데스와 소포클레스의 작품을 모두 소개하는 작가별 전집을 함께 읽는 것도 좋다. 그리스 비극의 문학적, 사상적 가치에 대해 탐구해본다면 《그리스 비극의 이해》나 《그리스 비극에 대한 편지》를 함께 읽는 것이 좋은 공부가 될 것이다.

햄릿, 맥베스 셰익스피어, 민음사

영미 문학의 영원한 고전이며 인간의 삶과 정신에 대한 보편적인 통찰을 다루고 있는 셰익스피어의 작품은 영문학은 물론 전반적으로 문학을 공부해보고자 하는 학생들에게는 필독서와 같다. 4대 비극에 해당하는 《햄릿》, 《맥베스》, 《오셀로》, 《리어왕》과 5대 희극으로 분류되는 《베니스의 상인》, 《한여름 밤의 꿈》, 《말괄량이 길들이기》, 《십이야》, 《좋으실 대로》를 중심으로 셰익스피어의 작품 세계를 탐구하는 것은 상당히 구체적이고 집중적인 탐구활동이다. 스토리만 정리해놓은 책보다는 원전을 읽는 것이 문장의 아름다움이나 표현상의 특징들을 잡아낼 수 있는 체험이 될 것이다. 한두 권 정도는 영어 원서로 읽으면서 수준 높은 영어 실력을 키우는 활동을 수행할 수도 있다.

위대한 유산 찰스 디킨스, 민음사

근대 영국 문학의 이정표와 같은 작품 세계를 보여준 찰스 디킨스의 대표작인 위대한 유산은 그 스토리가 우리나라 드라마나 영화에 차용될 정도로 대중적인 인기를 누려온 작품이다. 인간의 삶에 대한 성찰 속에서 당시 시대상에 대한 날카로운 풍자를 보여주고 있는 디킨스의 작품들은 문학과 역사를 공부하려는 학생들에게 훌륭한 탐구활동의 기회가 될 것이다. 《올리버 트위스트》, 《두 도시 이야기》와 같은 디킨스의 명작을 함께 읽어보는 것도 좋다. 디킨스가 활동한 시기의 영국 사회의 이해에 관심이 있다면 《영국 제국의 초상》과 같이 19세기 서양사를 다룬 책들을 읽어보는 것도 좋을 것이다.

주홍글씨 너새니얼 호손, 문예출판사

미국 문학의 발전에 중요한 전기를 마련했다고 평가되는 호손의 작품 중 학생들도 많이 알고 있는 소설이 바로 《주홍글씨》일 것이다. 보수적인 기존 사회에 대한 비판과 새로운 인간형에 대한 고민이 이 소설 속에서 잘 드러나 있다. 또 다른 작품으로 학생들에게 친숙한 《큰 바위 얼굴》이 있으며 이와 함께 《일곱 박공의 집》을 읽는다면 호손의 사상을 이해하는 데 도움이 된다. 특히 여성 문제에 대해 관심을 갖는 학생이라면 샬롯 브론테의 《제인에어》, 헨리 제임스의 《여인의 초상》을 함께 읽어보면서 사회적인 여성 억압에 대해 문제 의식을 키워볼 수 있을 것이다.

허클베리 핀의 모험 마크 트웨인, 민음사

가장 미국적인 정신이란 무엇인지를 소설로 보여준 작가인 마크 트웨인의 대표작품이다. 마크 트웨인이 보여주는 미국인의 정신은 《톰 소여의 모험》, 《왕자와 거지》에서도 잘 드러나고 있다. 또한 그의 사상을 잘 보여주는 《인간이란 무엇인가》를 읽어보는 것도 좋다. 미국 문학을 통해 미국인이 의식 세계에 대해 탐구해보고자 한다면 헨리 데이빗 소로, 허먼 멜빌, 존 스타인벡, 어네스트 헤밍웨이로 이어지는 작품 세계에 대한 탐구활동을 수행하는 것을 추천한다.

마담 보바리 귀스타브 플로베르, 민음사

불륜에 빠진 여성의 삶과 파멸을 그린 지극히 통속적인 소재의 소설이지만 그 내용 속에서 인간의 실존 문제를 진지하게 다루고 있는 명작이다. 특히 19세기 프랑스에 나타난 사회 문화적인 문제들을 이해할 수 있는 계기가 되기도 한다. 플로베르의 또 다른 작품인《감정 교육》역시 당시 프랑스 사회의 실상을 실감나게 묘사하고 있다. 그의 작품과 연계하여 에밀 졸라, 모파상의 작품을 함께 읽어본다면 이들의 문학적인 추구 방향에 대해 탐구해볼 수 있을 것이다. 근대 프랑스의 사회상에 대해서는 빅토르 위고의《레미제라블》이 압도적인 스케일로 묘사를 하고 있으니 다소 긴 시간을 낼 수 있다면 읽어볼 만할 것이다.

인간의 조건 앙드레 말로, 지식을만드는지식

프랑스의 실존주의 문학을 대표하는 앙드레 말로의 유명한 작품이다. 중국 혁명의 과정에서 사회적, 역사적 현실에 대한 인간 행동의 의의를 다루고 있다. 그의 작품 세계를 이해하기 위해서《정복자》를 같이 읽는 것도 좋다. 동시대에 실존주의적 고민을 문학으로 표현했던 장폴 사르트르와 알베르 카뮈의 작품을 함께 읽는다면 매우 집중적인 탐구활동이라고 할 수 있다. 나아가 실존주의 문학에 대한 탐구를 바탕으로 독일 문학 작품인 카프카의《변신》, 사무엘 베케트의《고도를 기다리며》를 읽어본다면 다소 어려운 작품의 진정한 주제를 찾아낼 수 있을 것이다.

파우스트 요한 볼프강 폰 괴테, 민음사

《파우스트》는 인간의 본질과 욕망, 이성이라는 주제에 대한 깊이 있는 사유를 담고 있는 독일 문학의 고전이다. 파우스트가 악마와의 계약을 통해 체험하게 되는 새로운 삶의 장면들은 학생들이 현대 사회의 문제에 대해 탐구할 때 연결될 수 있는 주제들이 될 것이다. 이처럼 파우스트 박사의 삶은 단순히 문학적인 스토리가 아니라 현실을 이해할 수 있는 공상적인 사례가 될 수 있는 것이다. 파우스트를 이해하기 위해《괴테, 파우스트, 휴머니즘》과 같은 연구서를 함께 읽는 것도 좋은 방법이다. 무엇보다도 파우스트를 통해 문명에 대한 비판적 인간 지성의 중요성을 포착했다면, 또 다른 서울대 권장 도서인 토마스 만의《마의 산》을 읽어보는 것이 좋다. 긴 시간을 초월하여 괴테와 만이라는 독일 문학의 거장이 보여주는 동일한 문제 의식을 짚어낼 수 있을 것이다. 또한 독일 문학을 거론할 때 빼놓을 수 없는 헤르만 헤세의 작품들 또한 같은 문제 의식 속에서 읽을 수 있는 고전들이다.

양철북 귄터 그라스, 민음사

《양철북》은 제2차 세계대전을 전후한 역사적 격랑 속에서 인간의 구체적인 삶의 모습을 보여주는 작품이다. 귄터 그라스가 지속적으로 보여주는 비판적 시각의 대상은 억압과 폭력에 비굴하게 순응하면서 사실상 나치 통치를 정당화했던 소시민들이다. 역사에 대한 비판적 성찰을 시도하는 귄터 그라스의 작품 세계에 대한 탐구는 그 자체로 역사, 정치, 사회를 폭넓게 아우르는 활동으로서 의미를 갖는다. 또 다른 명작인《넙치》는 물론 20세기 역사를 회고한《나의 세기》, 나치 시대의 일상을 다룬《게걸음으로 가다》를 함께 읽어보면 좋다.《양철북》이 던지는 문제의식에 공감한다면 에리히 프롬의《자유로부터의 도피》, 한나 아렌트의《예루살렘의 아이히만》을 함께 읽어보는 것도 좋다. 뿐만 아니라 나치즘의 대중 선동과 대중의 지지에 대해서 수많은 책들이 나와 있으니 찾아볼 만할 것이다. 이 주제에 대한 탐구는 상당히 어려운 일이기 때문에 과도한 욕심을 부리지 말고 한두 권의 책을 집중 독서하는 것이 좋다.

백년 동안의 고독 가브리엘 가르시아 마르케스, 문학사상

《백년 동안의 고독》은 재미있게 읽히면서도 작가의 철학과 사상이 풍부하게 담겨 있어 진지한 문제의식을 안겨주는 좋은 작품이다. 동시에 라틴아메리카의 역사를 주인공들의 삶 속에서 구체적으로 보여주고 있다. 무엇보다도 마르케스의 작품에서 드러나는 것은 자연과 신화, 인간이 상호 결합되어 있는 라틴아메리카인들의 정신 세계다. 따라서 중남미에 관심을 가지고 있는 학생이라면 반드시 읽어봐야 할 책이다. 마르케스의 작품을 풍부하게 이해하기 위해《내 슬픈 창녀들의 추억》,《콜레라 시대의 사랑》,《예고된 죽음의 연대기》나 작품집인《꿈을

빌려드립니다》, 자전적 에세이인 《이야기하기 위해 살다》를 함께 읽는 것이 좋다. 또한 라틴아메리카 문학의 거장들, 마리오 바르가스 요사, 카를로스 푸엔테스, 파블로 네루다의 작품 세계를 함께 이해해보는 것도 좋은 일이다. 서울대 권장 도서에 들어 있는 호르헤 루이스 보르헤스의 작품은 고등학생이 이해하기에는 너무 어렵기 때문에 추천하지 않기로 했다. 그대신 라틴아메리카 역사나 사회에 대한 책을 함께 읽는다면 매우 훌륭한 탐구활동을 수행한 것이라 할 만하다.

카라마조프 가의 형제들 도스토예프스키, 민음사

도스토예프스키의 소설은 보편적인 인간성에 대한 탐구와 인간 영혼의 구원 문제를 집중적으로 다룬다. 그의 대표작이라고 할 수 있는 《카라마조프가의 형제들》은 인간과 인간 영혼에 대한 모든 문제 의식을 압축하고 있다고 할 만하다. 도스토예프스키의 또 다른 작품인 《죄와 벌》은 반드시 함께 읽어야 하는 책이다. 그의 작품 세계가 일관되게 추구하는 신과 인간의 문제에 대한 답은 《악령》에서 찾아볼 수 있다. 도스토예프스키에 대한 연구서로는 《도스토예프스키 돈을 위해 펜을 들다》가 상당히 재미있게 그의 삶과 문학을 조명하고 있다. 비슷한 책으로 러시아 문학 전체를 음식이라는 코드로 읽은 《러시아 문학의 맛있는 코드》도 고등학생이 러시아 문학에 대한 흥미를 얻을 수 있는 좋은 계기가 될 것이다. 또한 러시아 문학 전체를 포괄하는 안내서로 《나보코프의 러시아 문학 강의》를 함께 읽어본다면 러시아 거장들의 작품 세계를 쉽게 이해할 수 있을 것이다.

안나 카레니나 톨스토이, 문학동네

대문호 톨스토이의 대표작으로 톨스토이가 종교에 심취하기 이전에 그의 문학적 문제의식을 가장 첨예하게 표출한 작품이 바로 《안나 카레니나》이다. 특히 이 작품을 통해 19세기 후반 러시아가 처한 역사적 현실과 사회상을 이해하는 데 큰 도움을 얻을 수 있다. 톨스토이의 문학적 문제의식을 이해하기 위해서 《전쟁과 평화》를 읽어보는 것도 좋다. 또한 이 작품들이 모두 영화로 제작된 바 있으니 영화를 보면서 소설을 읽는다면 흥미가 배가될 것이다. 다만 원시 기독교적인 삶, 기독교적 무정부주의에 대한 설교를 주로 하는 후기 작품들 《이반 일리치

의 죽음》, 《부활》, 《인간은 무엇으로 사는가》를 이해하기 위해서는 그의 깨달음
을 표출한 《참회록》을 읽어보아야 한다.

퇴계, 인간의 도리를 말하다 김영두, 푸르메
율곡문답 김태완, 역사비평사

서울대가 선정한 권장 도서 목록은 퇴계 이황의 《퇴계문선》, 율곡 이이의 《율곡
문선》을 추천하고 있지만 고등학생이 이런 글들을 읽기에는 부담이 클 뿐만 아
니라 책을 읽다가 지적 탐구의 욕구조차 사라질 수 있으니 보다 쉽게 조선의 위
대한 사상가를 이해해볼 수 있는 책을 읽는 편이 나을 것이다. 여기서 추천하는
두 책은 대중들이 쉽게 퇴계와 율곡의 사상을 이해할 수 있도록 쓰였다. 또한 퇴
계 이황과 고봉 기대승 간에 오갔던 사단칠정논쟁을 알기 쉽게 번역하여 정리한
《퇴계와 고봉 편지를 쓰다》를 함께 읽는다면 이해의 깊이가 남달라질 것이다. 조
선의 유학 사상의 전체적인 전개와 발전과정을 볼 수 있는 책으로 《조선 성리학
지식권력의 탄생》이 있다. 조선 학자들의 인간적인 삶의 면모를 다룬 《선비의 탄
생》도 함께 읽어볼 만한 책이다.

정선 목민심서 정약용, 창비

조선 후기의 실학 사상을 집대성한 다산 정약용의 사상을 이해하는 일은 역사
와 철학뿐만 아니라 경영과 사회과학 모든 분야에서 중요한 의미를 갖는다. 《목
민심서》와 《흠흠신서》, 《경세유표》를 읽어보는 것은 상당히 어려운 일이지만 꾸
준히 실천해본다면 다른 학문과의 연계성을 포착할 수 있는 매우 훌륭한 탐구활
동이 될 것이다. 다산의 사상을 이해하기 위해 그의 글을 모아놓은 《옛사람 맑은
생각 다산어록청상》이나 《다산의 마음》, 《유배지에서 보낸 편지》를 읽어보는 것
도 좋다. 다산의 사상을 지식경영과 접목시킨 《다산선생 지식경영법》도 학생들
에게 흥미로운 탐구 주제를 던져줄 만한 책이다. 다산 정약용에 대한 탐구를 발
전시켜 《한국 실학 사상 연구》와 같은 연구서를 읽어본 후 여러 실학 사상가들의
사상을 탐구해보는 것도 좋겠다.

논어, 맹자, 대학, 중용 유교문화연구소, 성균관대학교출판부

인류 문화 전반에 걸쳐, 특히 한국 문화에 지대한 영향을 끼친 유학 사상을 이해하는 데 있어서 사서(四書)를 읽는 것은 예나 지금이나 중요한 일이다. 이를 위해 주희의 《사서집주》에 의거한 원전을 읽어보는 일은 다소 어렵기는 하지만 학문 탐구를 하려는 사람으로서는 한번쯤 꼭 도전해볼 만한 일이 될 것이다. 시중에 논어, 맹자, 대학, 중용과 관련된 책들이 쏟아지고 있는 상황이라 학생들이 사서(四書)를 이해할 수 있는 길은 많다. 하지만 성균관대학교 유교문화연구소가 펴낸 원전을 읽으면서 다양한 견해를 담고 있는 시중의 책들을 읽어본다면 훨씬 의미 있는 탐구활동이 될 것이다. 또한 동양사상에 관심을 갖는 학생이라면 한비자, 노자, 장자의 사상에도 관심을 가져볼 필요가 있다. 특히 노장사상 역시 여러 학문으로 뻗어나가는 출발지가 되기 때문에 원전만으로는 독서가 부족하고 다양한 해석과 연구들을 읽어보는 것이 도움이 될 것이다.

한 권으로 읽는 아함경 홍사성, 불교시대사

불교 사상을 한 권의 책으로 이해하는 것은 불가능하지만 일단 시중에 나와 있는 정리된 책으로 불교의 일부분을 이해해보는 계기를 마련할 수 있다. 불교 사상 전체를 이해하기 위해서는 동국대학교 불교대학이 정리한 《불교사상의 이해》와 같은 교과서를 읽어보는 것이 도움이 될 것이다. 좀 더 흥미롭게 불교 철학을 다루는 책으로는 《불교철학 이야기 100》이 있으니 다양한 이야기들을 통해 불교에 대한 흥미를 갖게 될 수 있을 것이다. 또한 《금강경》, 《화엄경》을 쉽게 이해할 수 있도록 시중에 나와 있는 책도 많이 있으니 함께 읽어볼 만하다. 특히 불교 사상에 대한 이해는 우리 민족의 사상사를 이해하는 것과 같아서 원효, 의상, 지눌과 같은 사상가의 삶과 사상을 함께 이해해보는 것이 좋다. 자칫 불교 사상에 대한 책을 읽는다고 최근에 출간되는 책들 중 인생론이나 처세술을 설파하는 책을 읽는 경우가 있는데, 이런 책을 읽는 것은 학문적인 탐구활동과 어울리는 활동은 아니다.

사기본기, 사기열전 사마천, 민음사

중국 고대 역사를 다룬 역사서인 사기는 역사에 대한 기록을 넘어 다양한 인간들이 보여주는 삶의 모습을 담은 문학이자 저자인 사마천의 사상을 보여주는 사상서이다. 《사기》는 중국의 역사와 중국인, 중국 문화에 대한 관심을 불러일으킬 수 있을 것이다. 《사기》와 관련해서는 중요한 이야기를 가려 뽑은 선집도 나와 있으니 《사기》를 짧게 이해하고 싶은 학생들에게 유용할 것이다. 뿐만 아니라 《사기》를 경영이나 정치와 연관 지어 해석한 흥미로운 책들도 많으니 같이 읽어볼 만할 것이다.

국가 플라톤, 서광사

서양 정치 철학의 시작을 알리는 서적으로 꼽을 수 있는 플라톤의 《국가》는 올바른 정치와 공동체에 대한 이상을 살피고 있다. 플라톤의 철학을 온전히 이해하는 것은 상당히 어려운 일이며 대화체로 이루어진 글을 완독하는 일은 쉽지 않은 일이지만 《소크라테스의 변명》, 《그리톤》, 《파이돈》을 같이 읽는다면 훌륭한 학문적 탐구라고 할 수 있다. 플라톤에 대한 비판적인 입장은 최근에도 여러 책들이 나오고 있지만 칼 포퍼의 《열린사회와 그 적들》이 고전의 반열에 오른 명저라고 할 만하다. 플라톤 철학사상에 대한 공부를 위해 《플라톤: 서양철학의 기원과 토대》나 《플라톤: 그의 철학과 몇몇 대화편》을 함께 읽어보는 것이 좋겠다.

니코마코스 윤리학 아리스토텔레스, 길

아리스토텔레스는 《니코마코스 윤리학》에서 어떤 삶이 좋은 삶이고 행복한 삶인지에 대한 철학적 성찰을 제시한다. 아리스토텔레스는 또 다른 고전인 《정치학》을 통해 윤리학에서 정초한 철학적 성찰을 실천적인 정치 사상으로 제시한다. 《윤리학》과 《정치학》을 함께 읽어보면서 《시학》을 통해 아리스토텔레스의 예술론까지 이해해보는 기회로 삼는다면 수준 높은 지적 탐구활동이라 할 만하다. 특히 플라톤과 아리스토텔레스 간의 사상적 차이를 분석해보는 활동도 훌륭한 활동이다. 윤리학에 집중해서 이해한다면 《덕과 지식 그리고 행복: 고대 희랍 윤리학 입문》이 읽어볼 만한 책이다.

군주론 니콜로 마키아벨리, 서울대학교출판문화원

《군주론》은 정치 사상에서 도덕과 윤리를 제거하고 국가와 사회를 안정시키기 위한 통치 행위의 실천론을 제시하는 고전이다. 잘 알려진 대로 《군주론》이라는 짧은 책만으로는 마키아벨리의 사상을 이해하기는 어렵다. 자칫 수박 겉핥기 식의 이해로 인해 마키아벨리에 대한 오해에 그칠 위험이 있다. 《로마사논고》를 함께 읽으면서 마키아벨리를 이해하려는 노력을 해본다면 좋을 것이다. 학생들에게는 다소 어려울 수 있지만 《공존의 정치: 마키아벨리 군주론의 새로운 이해》를 읽어보는 것도 좋겠다.

통치론 존 로크, 까치글방

《통치론》은 로크의 《정부론》의 2권으로 근대 자유주의 정치사상의 기초를 찾아볼 수 있는 고전이다. 학생들도 사회 시간에 많이 배웠겠지만 로크의 사상은 홉스와 루소를 빼놓고는 이해할 수 없다. 사회과학에 관심을 가진 학생이라면 홉스의 《리바이어던》과 루소의 《사회계약론》은 물론 몽테스키외의 《법의 정신》을 함께 읽으며 깊이 있는 이해를 추구해볼 만하다. 사회계약론에 대한 연구서로는 서강대 출판부에서 나온 《사회계약론 연구: 홉스 로크 루소를 중심으로》를 추천한다. 홉스와 로크의 정치사상에 대한 비판적인 검토로는 맥퍼슨의 《홉스와 로크의 사회철학: 소유적 개인주의의 정치이론》이 있으나 현재 책을 구할 길이 없으니 혹시라도 도서관에서 찾아볼 수 있다면 좋은 공부가 될 것이다.

에밀 장 자크 루소, 한길사

《에밀》은 루소의 자연주의 사상을 교육을 중심으로 풀어낸 이야기이다. 인간 본성의 문제에서 출발하여 교육과 문명에 대해 깊이 있는 사고를 해볼 수 있는 기회를 주는 책이다. 따라서 사범계열을 염두에 두고 있는 학생이라면 꼭 읽고 공부해봐야 할 것이다. 루소의 사상을 보다 깊이 있게 이해하길 원한다면 《현대인의 교사 루소》와 같은 해설서를 읽어보길 권한다. 교육에 대한 관심이 있다면 프뢰벨의 《인간의 교육》, 존 듀이의 《민주주의와 교육》과 같은 명저를 읽어보면 좋다. 하지만 지금까지 살펴본 모든 고전이 인간 교육에 대한 문제 의식을 담고 있는 책들이니 사범계열, 교육계열에 어울리는 고전을 따로 찾아야 한다는 걱정을 할 필요는 없을 것이다.

국부론 아담 스미스, 비봉출판사

《국부론》은 경제학의 효시로 일컬어지는 고전이다. 이 책을 통해 근대 경제체제로의 변화 과정과 자본주의 경제체제의 작동에 대한 이해의 기초를 파악해볼 수 있다. 아담 스미스의 경제사상을 이해하기 위해서는 또 다른 고전인 《도덕 감정론》을 함께 읽는 것이 좋다. 스미스가 가진 인간에 대한 철학적 정의가 경제사상으로 연결되는 고리를 이해할 수 있을 것이다. 스미스의 사상을 보다 심층적으로 이해하기 위한 연구서로 《애덤 스미스의 고전적 자유주의》를 같이 읽는다면 좋은 탐구활동이 될 것이다. 또한 스미스로부터 출발한 자유주의 경제 사상에 대한 근본적인 비판을 담은 칼 폴라니의 《거대한 전환》을 읽어보기를 추천한다. 한편 자유주의 경제 사상을 현대에 다시 부활시킨 밀턴 프리드만의 《자본주의와 자유》도 함께 읽으며 공부해보기에 좋은 책이다.

페더랄리스트 페이퍼 알렉산더 해밀턴, 메디슨, 제이, 한울아카데미

미국 헌법의 제정 과정에서 연방 정부 구성을 지지한 이들의 기고글을 모은 것으로 미국 헌법 정신을 대변하는 고전이라고 할 수 있다. 강력한 연방 정부의 구성을 지지하면서도 다수 견제를 위한 정치 질서를 고민했던 저자들의 생각을 공부해보는 것은 정치학, 법학을 비롯한 사회과학 학문 탐구에 큰 도움이 된다. 미국 연방 헌법 제정 과정에서 발생한 논쟁을 짧게 정리한 《미국을 만든 사상들》을 함께 읽으면 좋을 것이다. 무엇보다 미국 건국 과정을 중심으로 미국의 역사에 대한 이해를 충실히 하는 것이 필요하다. 또한 서울대 권장 도서 중 하나인 토크빌의 《미국의 민주주의》를 함께 읽으면서 민주주의에 내재해 있는 위험성과 이와 관련된 미국 민주주의의 특징에 대해 이해해보는 것도 좋을 것이다.

자유론 존 스튜어트 밀, 책세상

《자유론》은 자유주의 사상의 고전으로 꼽히는 저작으로 현재 우리가 자유에 대해 논의할 때 주요 개념을 빌려준 사상과 논쟁의 원천이다. 밀의 자유주의 사상에 대한 연구서로《존 스튜어트 밀의 진보적 자유주의》를 함께 읽는다면 보다 깊이 있는 이해가 가능할 것이다. 자유주의를 탐구의 테마로 삼는다면《자유주의의 역사》를 읽으면서 자유주의 사상의 변천 과정 속에서 밀의《자유론》이 어떤 위치를 점하는지 알아볼 수 있을 것이다. 고등학생에게는 다소 어렵지만 자유주의에 대한 공동체주의의 비판과 대안을 살펴본《자유주의와 공동체주의》를 읽어본다면 자유주의에서 출발한 수준 높은 지적 탐구 수행이 될 것이다.

도덕의 계보학 프리드리히 니체, 연암서가

여간해서는 읽기 힘든 니체의 저작 중 그나마 진중한 학생이라면 읽어갈 수 있는 고전이《도덕의 계보》이다. 니체는 선악을 규정하는 기독교적 세계관을 비판하며 인간의 삶과 욕망을 긍정하는 독특한 철학 세계를 펼쳐 나간다.《도덕의 계보》읽기에 성공했다면《선악의 저편》을 읽는 것도 큰 무리가 없을 것이다. 니체의 철학을 이해하는 과정에서는《니체 디오니소스적 긍정의 철학》이 가장 좋은 조언을 해줄 수 있지만 방대한 분량을 소화하기 위한 인내심과 진지한 자세가 요구된다. 니체로부터 영향을 받은 탈근대 사상에 대한 다양한 책들이 있으나 학생들이 이해하기에는 벅찬 내용들이다. 하지만 탈근대사상에 관심이 있다면《니체의 위험한 책 차라투스트라는 이렇게 말했다》를 쓴 고병권의 책들을 찾아보기를 추천한다.

꿈의 해석 지그문트 프로이트, 동서문화사

《꿈의 해석》은 정신 분석의 기초를 놓은 고전으로 무의식의 세계를 밝히고 인간 정신 작용에 대한 분석을 시도한 저작이다. 그러나《꿈의 해석》은 정신분석학에만 국한되지 않고 인문학과 사회과학 전반에 적용되는 사상을 담고 있다. 프로이트의 강의를 모은《정신분석 입문》을 같이 읽어보면 이해를 보다 풍부하게 할 수 있다. 프로이트를 좀더 쉽게 이해하기 위해서《꿈과 대화하다》,《프로이트의

환자들》과 같은 책을 함께 읽는다면 흥미가 배가될 것이다.

프로테스탄티즘의 윤리와 자본주의 정신 막스 베버, 문예출판사

이 책은 근대 자본주의의 기원과 발전을 문명사적인 시각에서 접근한 사회학의 고전이다. 프로테스탄트의 금욕적 윤리를 중심으로 자본주의를 가능하게 했던 서구의 정신적인 특징을 포착하고 있다. 이 책을 읽으며《프로테스탄트 윤리와 자본주의 정신, 노동의 이유를 묻다》와 같이 쉽게 정리된 해설서를 함께 읽어보는 것이 큰 도움이 될 것이다. 베버는 사회학에 국한되지 않는 종합적인 사상을 전개했는데, 베버의 사상을 이해하기 위해 또 다른 명저인《직업으로서의 학문》, 《직업으로서의 정치》를 읽어볼 필요가 있다.

물질문명과 자본주의 페르낭 브로델, 까치글방

《물질문명과 자본주의》는 총체적인 문명의 관점에서 역사를 조망한 방대한 스케일의 고전이다. 일상 생활의 총체적인 구조에서부터 경제활동, 자본주의의 층위에 대해 독특한 시각을 바탕으로 한 분석을 읽을 수 있다. 총 6권에 이르는 방대한 내용을 이해하는 것 자체만으로도 굉장한 노력이 필요한 것이므로 1년 이상을 투자해 공부해보는 것이 전혀 아깝지 않다. 책을 읽는 데에 도움을 줄 수 있는 해설서로는《페르낭 브로델: 지중해 · 물질문명과 자본주의》를 참고할 수 있다. 그리고 이 책을 읽기 전에는 반드시 세계사 전반을 다루는 공부를 충실히 해야만 한다는 점을 기억하자.

혁명의 시대, 자본의 시대, 제국의 시대, 극단의 시대 에릭 홉스봄, 한길사, 까치글방

에릭 홉스봄의 4부작은 18세기 말에서 20세기 말까지 인류의 역사를 방대한 스케일로 고찰한 명저이다. 거대한 역사적 변화를 이끈 경제적 변화와 사회 계급의 운동을 다루면서 다양한 영역에서 일어나는 사회적 변화를 폭넓게 포착하고 있는 책이다. 홉스봄의 4부작 역시 긴 시간을 두고 차근차근 공부해야 할 텍스트로 이해하는 것이 옳으며, 사전에 세계사에 대한 충분한 공부를 한 후에 도전하는 것이 좋다.

슬픈 열대 레비 스트로스, 한길사

《슬픈 열대》는 레비 스트로스가 원시 사회를 연구하며 포착한 문명 비판의 논점과 인류학적 연구 결과를 제시하는 책이다. 원시적인 상태의 부족에 대한 연구를 통해 인간성의 본질을 탐구하는 인류학의 역할을 찾아볼 수 있다. 그의 연구에 대해 더 깊은 이해를 추구한다면 《야생의 사고》, 《신화와 의미》를 읽어보자. 인류학 혹은 구조주의에 대해 흥미를 가질 수 있을 것이다.

문학과 예술의 사회사 아르놀트 하우저, 창비

세계사의 흐름을 문화 예술 속에서 이해할 수 있게 해주는 명저이다. 총 4권에 걸친 책이기 때문에 긴 시간을 두고 통독하는 것만으로도 역사와 미학, 문화, 사상에 대한 큰 공부를 한 셈이다. 특히 역사를 흥미롭게 이해하고 싶은 고등학생들이 꼭 한번 만나봐야 할 책이라고 할 수 있다.

미디어의 이해 마셜 맥루언, 민음사

《미디어의 이해》는 신체, 감각기관의 확장으로서 미디어가 세상을 인식하는 방식을 바꿔버릴 수 있다는 독창적인 시각을 전개한 커뮤니케이션 이론의 고전이다. 그 내용이 너무 난해하기 때문에 이 책을 읽고 맥루언의 의도를 파악했다고 단언하기가 상당히 어렵다. 조금 쉽게 접근하기 위해서 《맥루언을 읽는다》와 같은 해설서를 참고할 수 있다. 《맥루언 행성으로 들어가다》는 고등학생 수준에서 이해할 수 있을 정도로 명쾌하게 맥루언의 미디어 철학을 설명해주고 있는 좋은 책이다.

과학혁명의 구조 토마스 쿤, 까치글방

《과학혁명의 구조》는 정상과학과 새로운 패러다임이라는 개념으로 과학의 혁명적인 변화 과정을 추적한 과학사의 고전이다. 과학 발전의 과정에 대한 이해는 물론 과학사의 수많은 사례들을 접해볼 수 있는 기회를 주는 책이다. 학생들이 함께 읽을 만한 책으로는 해설서인 《쿤의 과학혁명의 구조 해제》가 좋다. 과학사에 대한 깊이 있는 이해를 위해서 서울대 권장 도서 중 하나인 길리스피의 《객관성의 칼날》을 함께 읽어보는 것이 좋을 것이다.

엔트로피 제레미 리프킨, 세종연구원

《엔트로피》가 다루는 현대 물질문명에 대한 비판은 학생들도 언어영역 제시문이나 교과서에서 자주 접했을 만한 친숙한 내용이다. 과학기술의 문제, 환경과 생태의 문제, 인류 미래에 대한 문제를 고민해볼 수 있는 계기가 되는 책이다. 미래학자로서 다방면에 걸친 지식과 통찰을 보여주는 제레미 리프킨의 저서는 학생들에게 새로운 탐구거리를 제공해줄 것이다. 《노동의 종말》, 《바이오테크 시대》, 《수소 혁명》, 《육식의 종말》 모두 흥미롭게 읽을 수 있는 내용이면서 경제, 경영, 사회, 윤리, 과학기술에 이르는 다양한 주제들을 통합해볼 수 있는 기회가 된다.

이기적 유전자 리처드 도킨스, 을유문화사

《이기적 유전자》는 모든 생명체는 DNA의 계획에 따라 움직이는 기계에 불과하다는 내용을 중심으로 생명과 인간에 대한 새로운 개념을 제시한 책이다. 진화생물학의 견지에서 인간의 정신과 윤리에 대한 비평을 쏟아내는 그의 저서는 모두 함께 읽을 만한 책들이다. 《이기적 유전자》의 후속에 해당하는 《확장된 표현형》, 《눈먼 시계공》, 《지상 최대의 쇼》, 《만들어진 신》을 읽어보면 어떤 학생이라도 진화론과 생물학에 관심을 갖게 될 것이다. 도킨스의 주장에 근거하여 인간의 사회성을 설명한 《이타적 유전자》도 반드시 함께 읽어야 할 책이다.

SKY 합격을 위한 입학사정관제 바이블

초판 1쇄 2013년 8월 20일

지은이 | 고영건 권대근 이용승

발행인 | 김우석
제작총괄 | 손장환
편집장 | 원미선
책임편집 | 이은영
디자인 | 박솔
마케팅 | 김동현 이진규 이효정

발행처 | 중앙북스(주) www.joongangbooks.co.kr
등록 | 2007년 2월 13일 제2-4561호
주소 | (121-904) 서울시 마포구 상암동 1651번지 상암DMCC빌딩 20층

대표전화 | 1588-0950
내용문의 | (02) 2031-1357
팩스 | (02) 2031-1399
홈페이지 | www.joongangbooks.co.kr
페이스북 | www.facebook.com/hellojbooks

ISBN 978-89-278-0464-2 13370